Hier.	
Dort.	
Rechts.	
Links.	
Geradeaus.	
Haben Sie …?	**Do you have . . .?** du ju 'häv …?
Ich möchte …	**I'd like …** aid 'laik …
Was kostet das?	**How much is that?** 'hau matsch_'is ðät?
Bitte schreiben Sie mir das auf.	**Could you write that down for me?** kud ju 'rait ðät 'daun fə mi?
Wo ist …	**Where is …** 'weər_is …
Wo gibt es …?	**Where can I get …?** 'weə kən_ai 'get …?
Heute.	**Today.** tə'däi
Morgen.	**Tomorrow.** tə'mɔrou.
Ich will nicht.	**I don't want to.** ai dount 'wɔnt tu.
Ich kann nicht.	**I can't.** ai 'kahnt.
Einen Moment, bitte.	**One moment, please.** 'wan 'moumənt, plihs.
Lassen Sie mich in Ruhe!	**Leave me alone!** 'lihv mi_ə'loun!

Name
Name
Heimatadresse
Home address

Geburtsdatum
Date of birth
Urlaubsadresse
Holiday address

Nr. des Personalausweises/Reisepasses
No. of ID/passport
Im Notfall bitte benachrichtigen:
In case of emergency please contact:

Wichtige Hinweise
(Allergien, Medikamente, Blutgruppe usw.):
**Important information
(allergies, medicines, blood group etc.):**

Bei Verlust der Eurocheques:

Bei Verlust der Reiseschecks:

Bei Verlust der Kreditkarten:

Langenscheidts Universal-Sprachführer
Englisch

LANGENSCHEIDT
BERLIN · MÜNCHEN · WIEN
ZÜRICH · NEW YORK

Herausgegeben von der Langenscheidt-Redaktion
Bearbeitet von Dr. Sonia Brough
Lautschrift von Elisabeth Graf-Riemann
Illustrationen von Helen Schiffer
Redaktion: Dierk Drews
Projektleitung: Elke Sagenschneider

Umwelthinweis:
Gedruckt auf chlorfrei gebleichtem Papier

Auflage:	7.	6.		Letzte Zahlen
Jahr:	02	01	2000	maßgeblich

© 1997 Langenscheidt KG, Berlin und München
Druck: Druckhaus Langenscheidt, Berlin
Printed in Germany 3-468-23121-0

Das Allerwichtigste in Kürze
Persönliche Daten
Wie finden Sie, was Sie suchen?
Wie sprechen Sie es aus?

1 ZWISCHEN-MENSCHLICHES

- **14** Hallo und bis bald!
- **15** Smalltalk …
- **15**   … über Persönliches
- **17**   … über Urlaub und Zuhause
- **18** Verabredung
- **18**   Wollen wir …?
- **19**   Ich will nicht!
- **20** Verständigung
- **21** Was meinen Sie dazu?
- **22** Floskeln
- **22**   Bitte – Danke
- **23**   Tut mir Leid!
- **24**   Alles Gute!
- **25** Wortliste Zwischenmenschliches
- **27** Für Behinderte
- **28** Geschäftskontakte
- **28**   Telefon
- **29**   Am Empfang
- **29**   Messe
- **30** Wortliste Geschäftskontakte

2 ÜBERNACHTEN

- 34 Information
- 35 Hotel und Ferienwohnung
- 35   Hotel
- 39   Ferienwohnung
- 41   „Meckerecke"
- 47 Jugendherberge, Camping
- 47   Jugendherberge
- 48   Camping

3 UNTERWEGS

- 54 Fragen nach dem Weg
- 56 Ein- und Ausreise
- 56   Passkontrolle
- 56   Zoll
- 58 Flugzeug
- 58   Auskunft und Buchung
- 60   Im Flugzeug
- 62 Zug
- 63   Auskunft und Fahrkarten
- 65   Im Zug
- 68 Bus
- 69 Schiff
- 69   Auskunft und Buchung
- 70   An Bord
- 72   Kanal- und Flussfahrten
- 72 Auto, Motorrad und Fahrrad

72	Mietvehikel
75	Parken
75	Tanken und Service
76	Panne, Unfall
78	Hilf dir selbst …
79	In der Werkstatt
81	Wortliste
86	Bus, Bahn, Taxi
86	Mit Bus und Bahn
88	Hallo, Taxi!
90	Per Anhalter

4 ESSEN UND TRINKEN

92	Speisekarte
107	Getränkekarte
109	Information
111	Herr Ober!
114	„Meckerecke"
115	Die Rechnung bitte!
116	Mit Freunden essen

5 SEHENSWERTES

124	Touristeninformation
125	Besichtigungen, Ausflüge
133	Wortliste Tiere und Pflanzen

6 SHOPPING

- 136 Allgemeines
- 140   Wortliste Farben und Muster
- 141   Wortliste Stoffe
- 141   Wortliste Geschäfte
- 143 Lebensmittel
- 149 Souvenirs, Souvenirs
- 150 Kleidung und Reinigung
- 153 Schuhe
- 155 Uhren und Schmuck
- 157 Von Aftershave bis Zahnstocher
- 159 Haushalt
- 161 Beim Optiker
- 162 Beim Friseur
- 164 Bild und Ton
- 167 Lesen und Schreiben
- 168 Tabakwaren

7 UNTERHALTUNG UND SPORT

- 170 „Pack die Badehose ein"
- 170   Am Strand
- 171   Im Schwimmbad
- 174 Der Berg ruft
- 176 Noch mehr Sport und Spiel
- 180 Kultur und Feste
- 184 Fernsehen
- 185 Abends ausgehen

8 POST UND BANK

- 188 Post, Telegramm, Telefon
- 188   Briefe, Pakete, Päckchen
- 189   Der Draht nach Hause
- 192 Geldangelegenheiten

9 IM ERNSTFALL

- 198 Gesundheit
- 198   Information
- 199   Apotheke
- 202   Beim Arzt
- 204   Was Ihr Arzt unbedingt wissen muss
- 204   Vom Arzt werden Sie hören
- 207   Bevor Sie die Praxis verlassen
- 207   Im Krankenhaus
- 208   Wortliste Körperteile und Organe
- 211   Wortliste Krankheiten, Arzt, Krankenhaus
- 216   Beim Zahnarzt
- 217   Vom Zahnarzt werden Sie hören
- 219 Polizei und Fundbüro
- 220   Von der Polizei werden Sie hören

10 ZEIT UND WETTER

224	Zeit
224	Uhrzeit
226	Allgemeine Zeitangaben
228	Jahreszeiten
228	Feiertage
229	Datum
230	Wochentage
231	Monate
232	Das Wetter

GRAMMATIK

Zahlen
Grundzahlen
Ordnungszahlen

WIE FINDEN SIE, WAS SIE SUCHEN?

Dieser Sprachführer enthält alle wichtigen Sätze und Wörter für die Reise, nach Situationen zusammengefasst. Die Griffleiste ermöglicht Ihnen eine rasche Orientierung.

Die Kapitel enthalten Mustersätze und Wortlisten mit ergänzendem Wortschatz. Für die wichtigsten Situationen (z. B. beim Arzt) haben wir auch Sätze in umgekehrter Sprachrichtung, also zuerst die Fremdsprache, aufgenommen, so dass auch ein Brite sich Ihnen mitteilen kann.

Um möglichst viele Situationen abzudecken, haben wir in den Sätzen auch Alternativen angegeben; diese sind kursiv gesetzt und durch einen Schrägstrich getrennt, z. B.

Wann/Wo treffen wir uns? **What time/Where shall we meet?**

Diese müssen Sie entsprechend auflösen. Also entweder:

Wann treffen wir uns? **What time shall we meet?**

oder:

Wo treffen wir uns? **Where shall we meet?**

Bei mehr als zwei Möglichkeiten haben wir drei Auslassungspunkte gemacht und die möglichen Ergänzungen unter dem Satz angegeben, z. B.

Ich komme aus … **I come from …**

   Deutschland.   **Germany.**
   Österreich.   **Austria.**
   der Schweiz.   **Switzerland.**

Sie setzen dann z. B. ein

Ich komme aus Deutschland. **I come from Germany.**

Oft sind auch mögliche Ergänzungen in runde Klammern gesetzt. Sie können diese dann entweder mitsprechen oder auch nicht, z. B.

Wieviel kostet es (ungefähr)? **How much is it (approximately)?**

Wir wünschen Ihnen nun einen schönen Aufenthalt in Großbritannien und sind sicher, dass **Langenscheidts Universal-Sprachführer Englisch** Ihnen ein unentbehrlicher Begleiter sein wird.

DIE ENGLISCHE AUSSPRACHE

Wir wollen hier kurz auf drei Laute eingehen, die dem Deutschsprachigen erfahrungsgemäß Schwierigkeiten bereiten können.

th Beim berühmt-berüchtigten *th* müssen Sie so tun, als ob Sie lispeln: Sie stecken die Zunge zwischen die Zähne und versuchen ein „s" wie in „ist" (stimmloses *th*) bzw. in „satt" (stimmhaftes *th*) auszusprechen.

v/w Hier geht es um zwei Laute, die von Deutschsprachigen manchmal durcheinandergebracht werden. Das englische *v* wird wie ein deutsches „w" ausgesprochen, also weich und vibrierend. Um das englische *w* richtig auszusprechen, müssen Sie Ihre Lippen zu einem kleinen runden Loch formen;

dabei dürfen die oberen Schneidezähne keinesfalls die Unterlippe berühren. Das *w* klingt also ähnlich wie ein „u" und der folgende Vokal zusammengesprochen.

WIE SPRECHEN SIE ES AUS?

Im Englischen kann man als Anfänger gewöhnlich nur schwer von der Schreibung der Wörter auf ihre Aussprache schließen. Wir möchten Ihnen den Einstieg in dieses einigermaßen komplizierte Gebiet erleichtern und geben Ihnen daher eine Hilfestellung zur Aussprache der Wörter und Sätze. Bis auf einige wenige Ausnahmen haben wir dabei auf die Ihnen vertrauten Buchstaben des deutschen Alphabets zurückgegriffen. Im Einzelnen gilt hierbei, dass die Buchstaben so ausgesprochen werden, wie Sie es vom Deutschen her gewohnt sind. Beachten Sie aber bitte einige Besonderheiten:

ai	**five** faiv	wie *ei* in *mein* oder *ai* in *Main*
äi	**eight** äit	*ä* und *i* schnell hintereinander gesprochen
ə	**arrive** əˈraiv	wie *e* in *bitte*
ɔ	**morning** ˈmɔning	offenes *o*, wie in *morgen*
ou	**home** houm	*o* und *u* schnell hintereinander gesprochen
s	**pleased** plihsd	stimmhaft, weich wie *s* in *sehen*

ß	**sights** Baitß	stimmlos wie *s* in *das* oder *ß* in *Straße*
ð	**the** ðə	gelispeltes stimmhaftes *s*
θ	**three** θrih	gelispeltes stimmloses *ß*
v	**very** veri	wie deutsches *w* in *wenig*
w	**wine** wain	wie *u* und *w* schnell hintereinander gesprochen
h	**student** ßtjuhdnt	hinter einem Vokal: Dehnung wie in *Stuhl*,
	hand händ	vor einem Vokal: wie im Deutschen in *haben* oder *Haus*

' bedeutet, dass die nachfolgende Silbe zu betonen ist.
⌒ bedeutet, dass die betreffenden Wörter eng zusammenhängend zu sprechen sind.

Abkürzungen

adj.	Adjektiv, Eigenschaftswort		sg.	Singular, Einzahl
adv.	Adverb, Umstandswort		vb.	Verb, Zeitwort
pl.	Plural, Mehrzahl		Wz.	Warenzeichen

Zwischenmenschliches

HALLO UND BIS BALD!

Guten Morgen!	**(Good) Morning!** gud 'mɔning!
Guten Tag!	*Hello!/(Good) Morning!/(Good) Afternoon!* həˈlou!/(gud) 'mɔning!/ (gud)_ahftəˈnuhn!
Guten Abend!	**(Good) Evening!** (gud)_'ihvning!
Gute Nacht!	**Goodnight!** gud'nait!
Hallo!	**Hi!** hai!

INFO

9–12 Uhr (Good) Morning!, Hello!
12–18 Uhr (Good) Afternoon!, Hello!
ab 18 Uhr (Good) Evening!, Hello!

„Hello!" kann man jederzeit verwenden. „Good afternoon!" und „Good evening!" klingen etwas förmlicher. „Hi!" ist umgangssprachlich und wird bevorzugt von jungen Leuten gebraucht. Beim Vorstellen lauten die Begrüßungsformeln „How d'you do?" hau djuh 'duh? bzw. „*Pleased/Nice to meet you*" 'plihsd/naiß tə 'miht_juh. Auch die Antwort auf „How d'you do?" lautet "How d'you do?"

Darf ich mich zu *Ihnen/dir* setzen?	**D'you mind if I sit here?** dju 'maind if_ai 'ßit 'hiə?
Wie geht es *Ihnen/dir?*	**How are you?** hau_'ah juh?
Danke, gut. Und *Ihnen/dir?*	**Fine, thanks. And you?** 'fain θänkß_ənd 'juh?

Es tut mir Leid, aber ich muss jetzt gehen.	**I'm afraid I have to go now.** aim_ə'fräid_ai häv tə 'gou nau.
Auf Wiedersehen!	**Goodbye!** gud'bai!
Bis *bald/morgen*!	**See you *soon/tomorrow*!** 'ßih ju 'ßuhn/tə'mɔrou
Tschüs!	***Bye!/See you!*** bai!/'ßih juh!
Schön, *Sie/dich* kennen gelernt zu haben.	**It was nice meeting you.** it wəs 'naiß 'mihting juh.
Kommt gut nach Hause!	**Have a safe journey home!** häv_ə 'ßäif dschöni 'houm!

INFO Im Englischen unterscheidet man nicht zwischen „du" und „Sie". Hier redet man sich auch viel schneller mit Vornamen an, im privaten wie auch beruflichen Bereich. Auch was Händeschütteln angeht, müssen Sie sich nicht so sehr anstrengen: Man gibt sich höchstens – aber nicht immer – bei der ersten Vorstellung die Hand. Im Geschäftsleben ist das Händeschütteln allerdings öfter anzutreffen als im Alltag.

SMALLTALK ...

... über Persönliches

Wie *heißen Sie/ heißt du*?	**What's your name?** 'wotß_jɔ 'näim?
Ich heiße ...	**My name is ...** mai 'näim_is ...

Woher *kommen Sie/ kommst du*?	**Where do you come from?** weə də juh 'kam frɔm?
Ich komme aus ...	**I come from ...** ai 'kam frəm ...
Deutschland.	**Germany.** 'dschöməni.
Österreich.	**Austria.** 'ɔßtriə.
der Schweiz.	**Switzerland.** 'ßwitßələnd.
Sind Sie/Bist du verheiratet?	**Are you married?** 'ah ju 'märid?
Haben Sie/Hast du Kinder?	**Do you have any children?** də ju 'häv_eni 'tschildrən?
Wie alt sind sie?	**How old are they?** hau_'ould_ə ðäi?
Haben Sie/Hast du Geschwister?	**Do you have any sisters or brothers?** də ju 'häv_eni 'ßißtəs_ə 'braðəs?
Ich habe *eine Schwester/einen Bruder.*	**I have a *sister/brother*.** ai 'häv_ə 'ßißtə/'braðə.
Wie alt *sind Sie/bist du*?	**How old are you?** hau_'ould_ə juh?
Ich bin ... Jahre alt.	**I'm ...** aim ...

INFO Bei Altersangaben nennt man üblicherweise nur die Zahl, also z.B. „I'm 28". Die Angabe des angehenden Jahres („Ich werde ...,") ist nur bei Kleinkindern und gelegentlich bei bevorstehenden runden Geburtstagen üblich, wobei der Monat immer angegeben wird: z.B. I'll be 40 *in May/on May the 4th/at the end of September.*

Was *machen Sie/ machst du* beruflich?	**What do you do for a living?** 'wɔt də ju 'duh fər_ə 'living?	
Ich bin …	**I'm a(n) …** aim ə(n)_ …	**1**
Ich gehe noch zur Schule.	**I'm still at school.** aim 'ßtil_ət 'ßkuhl.	

… über Urlaub und Zuhause

➡ *Noch mehr Sport und Spiel (S. 176), Abends ausgehen (S. 185)*

Sind Sie/Bist du zum ersten Mal hier?	**Is this your first time here?** is 'ðiß jɔ fößt_'taim hiə?
Nein, ich war schon … mal in England.	**No, I've been to England … times.** 'nou, aiv_bin tu_'inglənd … 'taims.
Wie lange *sind Sie/bist du* schon hier?	**How long have you been here?** hau 'lɔng həv_ju 'bin hiə?
Seit … *Tagen/Wochen*.	**(For) …** *days/weeks*. (fə) … 'däis/'wihkß.
Wie lange *sind Sie/bist du* noch hier?	**How much longer are you staying?** 'hau matsch 'lɔngər_ə ju 'ßtäiing?
Ich fahre morgen wieder ab.	**I'm leaving tomorrow.** aim 'lihving tə'mɔrou.
Noch *eine Woche/ zwei Wochen*.	**Another** *week/fortnight*. ə'naðə 'wihk/ 'fɔtnait.
Wie gefällt es *Ihnen/ dir* hier?	**How do you like it here?** 'hau də ju 'laik_it hiə?

Es gefällt mir sehr gut.	**I like it very much.**	ai 'laik_it 'veri 'matsch.
Waren Sie/Warst du schon einmal in Deutschland?	**Have you ever been to Germany?** 'häv ju_'evə bin tə 'dschömənı?	
Besuchen Sie mich doch, wenn Sie mal nach Deutschland kommen.	**Come and see me if you're ever in Germany.** 'kam_ənd 'ßih mi_if_jɔr_'evər_in 'dschömənı.	
Ich zeige Ihnen/dir gerne die Stadt.	**I'd be glad to show you around the *town/city*.** aid bi 'gläd tə 'schou juh_əraund ðə *'taun/'ßiti*.	

VERABREDUNG

➡ *Mit Freunden essen (S. 116), Abends ausgehen (S. 185)*

Wollen wir … ?

Treffen wir uns *heute Abend/morgen*?	**Shall we meet up *tonight/tomorrow*?** schəl wi 'miht_ap *tə'nait/tə'mɔrou*?	
Ja, gerne.	**Yes, let's (do that).** 'jeß, 'letß ('duh ðät).	
Es geht leider nicht. Ich habe schon etwas vor.	**I'm afraid I can't – I'm already doing something.** aim_ə'fräid_ai 'kahnt – aim ɔl'redi 'duing 'ßamθing.	

Wollen wir heute Abend zusammen essen?	**Shall we have dinner together tonight?** schəl wi häv 'dinə tə'geðə tə'nait?	**1**
Ich möchte *Sie/dich* zum Essen einladen.	**I'd like to take you out for a meal.** aid 'laik tə 'täik ju_'aut fər_ə 'mihl.	
Wann/Wo treffen wir uns?	***What time/Where** shall we meet?* wɔt 'taim/'weə schəl wi 'miht?	
Treffen wir uns doch um ... Uhr.	**Why don't we meet at ...** 'wai dount wi 'miht_ət ...	
Ich hole *Sie/dich* um ... Uhr ab.	**I'll pick you up at ...** ail 'pik_ju_'ap_ət ...	
Wo gehen wir hin?	**Where are we going?** 'weər_ə wi 'gouing?	
Ich bringe *Sie/dich* nach *Hause/zur Haltestelle*.	**I'll take you *home/to the bus stop*.** ail 'täik ju *'houm/tə ðə 'baß_ßtɔp*.	
Sehen wir uns noch einmal?	**Could we meet again?** kud wi 'miht_ə'gen?	

Ich will nicht!

Ich habe schon was vor.	**I'm already doing something.** aim ɔl'redi 'duing 'ßamθing.
Ich warte auf jemanden.	**I'm waiting for someone.** aim 'wäiting fə 'ßamwan.
Lassen Sie mich in Ruhe!	**Leave me alone!** 'lihv mi_ə'loun!

19

Verschwinde!	**Go away!/Push off!/Get lost!** 'gou_ə'wäi!/'pusch_'ɔf!/'get 'lɔßt!

VERSTÄNDIGUNG

Spricht hier jemand Deutsch?	**Does anyone here speak German?** dəs_'eniwan 'hiə ßpihk 'dschömən?
❓ **Do you speak English?** də 'ju ßpihk_'inglisch?	Sprechen Sie Englisch?
Nur wenig.	**Just a little.** 'dschaßt_ə 'litl.
Bitte sprechen Sie etwas langsamer.	**Could you speak a bit more slowly, please?** kud_ju 'ßpihk_ə bit mɔ 'ßlouli, plihs?
Haben Sie/Hast du verstanden?	**Did you understand that?** did_ju_andə'ßständ ðät?
Ich *verstehe/habe verstanden*.	**Yes, I understand.** 'jeß_ai_andə'ßtänd.
Ich habe das nicht verstanden.	**I didn't understand that.** ai 'didnt_andə'stand ðät.
Sagen Sie es bitte noch einmal.	**Could you say it again?** kud ju 'ßäi_it_ə'gen?
Wie heißt das auf Englisch?	**What's that (called) in English?** 'wɔtß ðät (kɔld) in_'inglisch?
Was bedeutet ...?	**What does ... mean?** 'wɔt dəs ... mihn?

WAS MEINEN SIE DAZU?

Es *war/ist* sehr schön hier.	**It's *been/It's* very nice here.**	itß bin/itß 'veri 'naiß hiə.
Ich komme gerne wieder.	**I'd like to come back.**	aid 'laik tə kam 'bäk.
Sehr gut!	**Very good!**	'veri 'gud!
Ich bin sehr zufrieden!	**I have no complaints.**	ai həv 'nou kəm'pläintß.
Prima!	**Great!**	'gräit!
Das gefällt mir.	**I like that.**	ai 'laik ðät.
Sehr gerne.	**I'd love to.**	aid 'lav tu.
Eine gute Idee.	**Good idea.**	'gud_ai'diə.
In Ordnung.	**OK.**	ou'käi.
Das ist mir egal.	**I don't mind.**	ai dount 'maind.
Wie Sie möchten.	**As you like.**	'äs_ju 'laik.
Ich weiß noch nicht.	**I don't know yet.**	ai dount 'nou jet.
Vielleicht.	**Maybe.**	'mäibi.
Wahrscheinlich.	**Probably.**	'prɔbəbli.

21

Das ist sehr ärgerlich.	**That's very annoying.** ðätß 'veri_ə'noiing.
Wie schade!	**What a pity!** wɔt_ə 'piti!
Das geht leider nicht.	**I'm afraid that's not possible.** aim_ə'fräid ðätß 'nɔt 'pɔßəbl.
Ich würde lieber …	**I'd rather …** aid 'rahðə …
Das gefällt mir nicht.	**I don't like it.** ai dount 'laik_it.
Das möchte ich lieber nicht.	**I'd rather not.** aid 'rahðə 'nɔt.
Eigentlich nicht.	**Not really.** nɔt 'riəli.
Nein.	**No.** nou.
Auf keinen Fall.	**Certainly not.** 'ßötənli 'nɔt.

FLOSKELN

Bitte – Danke

Könnten Sie mir bitte helfen?	**Do you think you could help me?** du ju 'θink ju kud 'help mih?
Nein, danke.	***No, thank you./No, thanks.*** *'nou, 'θänk_juh./'nou, 'θänkß.*
Ja, bitte.	**Yes, please.** 'jeß, 'plihs.

Danke.	***Thank you./Thanks.*** 'θänk_juh./'θänkß.
Vielen Dank, das ist sehr nett von Ihnen.	**Thank you, that's very kind of you.** 'θänk_ju, ðätß 'veri 'kaind_əv juh.
Vielen Dank für Ihre Mühe/Hilfe.	**Thank you very much for *all your trouble/your help*.** 'θänk_ju 'veri 'matsch fər_'ɔl jɔ 'trabl/jɔ 'help.
Bitte sehr.	**You're welcome.** jɔ 'welkam.
Gern geschehen.	***That's all right./You're welcome./Not at all.*** 'ðätß_ɔl'rait./jɔ 'welkam./'nɔt_ət_'ɔl.
Darf ich?	**May I?** 'mäi ai?

INFO In Großbritannien ist man beflissen, sich auch für die kleinsten Kleinigkeiten ausführlich zu bedanken. Sie sollten sich also ein paar Varianten merken, wie z.B. Thank you, Thank you very much, Thank you very much indeed.

Tut mir Leid!

Entschuldigung!	**Sorry!** 'Bɔri!
Bitte (, bitte)!	**That's all right!** 'ðätß_ɔl'rait!
Das tut mir Leid.	**I'm sorry about that.** aim 'Bɔri_əbaut 'ðät.

23

Das macht nichts!	***It doesn't matter!/Don't worry about it!*** *it 'dəsənt 'mätə!/dount 'wari_ə'baut_it!*
Das ist mir peinlich.	**I feel *bad/embarrassed* about it.** *ai fihl 'bäd/im'bärəßt_abaut_it*
Das war ein Missverständnis.	**It was a misunderstanding.** *it wəs_ə 'mißandə'ßtänding.*

Alles Gute!

Herzlichen Glückwunsch!	**Congratulations!** *kən'grätschə'läischns!*
Herzlichen Glückwunsch (zum Geburtstag)!	**Happy birthday!** *'häpi 'böΘdäi!*
Gute Besserung!	**(Hope you) Get well soon!** *('houp_ju) get 'wel 'ßuhn!*
Gute Reise!	**Have a good trip!** *'häv_ə gud 'trip!*
Viel Spaß!	**Have fun!** *häv 'fan!*
Frohe Weihnachten!	**Merry Christmas!** *'meri 'krißməß!*
Frohes Neues Jahr!	**Happy New Year!** *'häpi njuh 'jiə!*

Zwischenmenschliches

abfahren	**to leave**	tə lihv
Adresse	**address**	ə'dreß
allein	**alone**	ə'loun
ankommen	**to arrive**	tu ə'raiv
aufschreiben	**to write down**	tə rait 'daun
Beruf	**profession, occupation**	prə'feschn, ɔkju'päischn
besetzt	**taken**	'täikən
bitte	**please**	plihs
bringen: nach Hause -	**to take (*someone*) home**	tə 'täik (*ßamwan*) 'houm
Bruder	**brother**	'braðə
danke	**thank you, thanks**	'θänk juh, 'θänkß
essen gehen	**to go out for a meal**	tə gou_'aut fər_ə 'mihl
Frau (*Ehefrau*)	**wife**	waif
Freund	**friend; (*romantisch*) boyfriend**	frend; 'boifrend
Freundin	**friend; (*romantisch*) girlfriend**	frend; 'gölfrend
gefallen: es gefällt mir	**I like it**	ai 'laik_it
Geschwister	**brothers and sisters**	'braðəs_ən 'ßißtəs
heißen: ich heiße	**my name is**	mai 'näim_is
ja	**yes**	jeß
kennen lernen	**to meet**	tə miht
Kind	**child**	tschaild
kommen (aus)	**to come (from)**	tə 'kam frɔm
Mann (*Ehemann*)	**husband**	'hasbənd

1

mögen	**to like** tə ˈlaik
Mutter	**mother** ˈmaðə
nein	**no** nou
Schule	**school** ßkuhl
Schwester	**sister** ˈßißtə
Sohn	**son** ßan
sprechen	**to speak** tə ßpihk
Stadt	**town, city** taun, ˈßiti
Student(in)	**student** ßtjuˈdənt
tanzen gehen	**to go dancing** tə gou ˈdahnßing
Tochter	**daughter** ˈdɔtə
treffen, sich	**to meet** tə miht
übernachten	**to stay** tə ßtäi
Urlaub	**holiday** ˈhɔlədäi
Vater	**father** ˈfahðə
verabreden, sich	**to make a date (with someone)** tə ˈmäik_ə ˈdäit (wið ˈßamwan)
verheiratet	**married** ˈmärid
verstehen	**to understand** tu_andəˈßtänd
vielleicht	**maybe, perhaps** ˈmäibi, pəˈhäpß
vorhaben	**to have planned** tə häv ˈpländ
warten	**to wait** tə ˈwäit
wenig	**(a) little** (ə) ˈlitl
wiederkommen	**to come back (again)** tə kam ˈbäk_(əˈgen)
wieder sehen	**to see (*someone*) again** tə ßih (ˈßamwan) əˈgen
wissen	**to know** tə nou

FÜR BEHINDERTE

Ich höre schlecht. Können Sie bitte lauter reden?
I'm hard of hearing. Could you speak up a bit? aim 'hahd_əv 'hiəring. kud_ju 'ßpihk_'ap_ə bit?

Können Sie das bitte aufschreiben?
Could you write that down for me? kud_ju 'rait ðät 'daun fə mi?

Ich bin *körperbehindert/gehbehindert*. Können Sie mir helfen?
I'm disabled. Could you help me, please? aim diß'äibld. kud_ju 'help mi, plihs?

Haben Sie einen Rollstuhl für mich?
Do you have a wheelchair I could use? də ju 'häv_ə 'wihltscheər_ai kud_'juhs?

Können Sie mir das Gepäck *aufs Zimmer/zum Taxi* tragen?
Could you take my luggage *up to my room/to the taxi*? kud_ju 'täik mai 'la gidsch_'ap tə mai 'ruhm/tə ðə 'täxi?

Wo ist der nächste Fahrstuhl?
Where's the nearest lift? 'weəs ðə 'niərəßt 'lift?

Könnten Sie für mich wählen?
Do you think you could dial for me? də ju 'θink ju kud 'daiəl fə mi?

Ist es für Rollstuhlfahrer geeignet?
Is it suitable for wheelchair users? 'is_it 'ßutəbl fə 'wihltscheə juhsəs?

Gibt es dort eine Rampe für Rollstuhlfahrer?
Is there a wheelchair ramp? is ðər_ə 'wihltscheə 'rämp?

1

27

Wo ist hier eine Behindertentoilette?	**Is there a disabled toilet around here?** is ðər_ə diß'äibld 'toilət_əraund hiə?	
Ich brauche jemanden, der mich begleitet.	**I need somebody to accompany me.** ai 'nihd 'ßambədi tu_ə'kampəni mih.	

GESCHÄFTSKONTAKTE

➡ *Verständigung (S. 20)*

Telefon

Hier ist … von der Firma …	**This is … from …** ðis_'iß … frəm …	
Ich möchte … sprechen	**Could I speak to …?** 'kud_ai 'ßpihk tə …?	
!	**I'll put you through.** ail 'put_ju 'θruh.	Ich verbinde.
!	**… is on the other line.** … is_ɔn ði_'aðə 'lain.	… spricht gerade.
!	**… isn't in today.** … isnt_'in tədäi.	… ist heute nicht im Haus.
?	**Would you like to leave a message?** wud_ju 'laik tə 'lihv_ə 'meßidsch?	Möchten Sie eine Nachricht hinterlassen?
Kann ich eine Nachricht für … hinterlassen?	**Could I leave a message for …?** kud_ai 'lihv_ə 'meßidsch fə …?	

Am Empfang

Ich möchte zu …	**Could I see …?** 'kud_ai 'Bih …?	
Mein Name ist …	**My name is …** mai 'näim__is …	
Ich habe um … Uhr einen Termin mit …	**I've got an appointment with … at …** aiv 'gɔt_ən_ə'pointmənt wið … ət …	

> **!** **One moment, please.** 'wan 'moumənt, plihs.
> Einen Moment bitte.

> **!** **… will be with you right away.** … wil bi 'wið ju 'rait_ə'wäi.
> … kommt sofort.

> **!** **… is in a meeting.** is_in_ə 'mihting.
> … ist noch in einer Besprechung.

> **!** **If you'd like to come along, I'll take you to …** if_jud 'laik tə kam_ə'lɔng_ail 'täik ju tu …
> Kommen Sie bitte mit mir. Ich bringe Sie zu …

> **?** **Would you wait here for a moment, please?** wud_ju 'wäit 'hiə fər_ə 'moumənt, plihs?
> Würden Sie bitte hier einen Moment warten.

Messe

Ich suche den Stand der Firma …	**I'm looking for the … stand.** aim 'luking fə ðə … ßtänd.
Haben Sie Informationsmaterial über …?	**Do you have any information on …?** də ju 'häv_əni_infə'mäischn_ɔn …?

Haben Sie auch Prospekte auf Deutsch?	**Do you have any brochures in German?** də ju 'häv_əni 'brouschəs_in 'dschömən
An wen kann ich mich wenden?	**Who should I get in touch with?** 'huh schud_ai get_in 'tatsch wið?
Hier ist meine Karte.	**Here's my card.** 'hiəs mai 'kahd.

Geschäftskontakte

Abteilung	**department** di'pahtmənt
Abteilungsleiter	**head of department** 'hed_əv di'pahtmənt
Adresse	**address** ə'dreß
Ausgang	**exit** 'exit
benachrichtigen	**to let (*someone*) know** tə 'let (*'Bamwan*) 'nou
Besprechung	**meeting** 'mihting
Besprechungsraum	**conference room** 'kɔnfərənß ruhm
Büro	**office** 'ɔfiß
Chef	**boss** bɔß
Eingang	**entrance** 'entrənß
Eingangshalle	**foyer** 'foiäi
Empfang	**reception** ri'ßepschn
Etage	**floor** flɔ
Filzstift	**felt pen** 'felt 'pen
Gebäude	**building** 'bilding
Geschäftsführer	**managing director** 'mänədsching də'rektə
Geschäftsleitung	**management** 'mänədschmənt

Halle	**(exhibition) hall**	(exi'bischn) hol
Information	**information**	infə'mäischn
Informationsmaterial	**information, brochures** *pl.*	infə'mäischn, 'brouschəs
Informationsstand	**information desk**	infə'mäischn deßk
Katalog	**catalogue**	'kätəlog
Konferenz	**conference**	'konfərənß
Konzern	**(corporate) group**	('kɔpərət) gruhp
Kopie	**(photo)copy**	('foutou)kɔpi
Kunde	**customer, client**	'kaßtəmə, 'klaiənt
Markierstift	**marker pen**	'mahkə pen
Messe	**trade fair**	'träid feə
Mikrofon	**microphone, mike**	'maikrəfoun, maik
Preis	**price**	praiß
Preisliste	**price list**	'praiß lißt
Prospekt	**brochure**	'brouschə
Sekretariat	**secretary's office**	'ßekrətris_'ɔfiß
Sekretärin	**secretary**	'ßekrətri
Sitzung	**meeting**	'mihting
Stand	**stand**	ßtänd
Telefax	**fax**	fäx
Telefon	**(tele)phone**	('telə)foun
telefonieren	**to phone, to ring (***someone***) up, to call**	tə foun, tə ring ('ßamwan)_'ap, tə kɔl
Termin	**appointment**	ə'pointmənt
Treffen	**meeting**	'mihting
treffen(, sich)	**to meet**	tə miht
Unterlagen	**papers, documents**	'päipəs, 'dɔkjuməntß

Vertreter	**(sales) representative, agent** ('ßäils) repri'sentətiv, 'äidschənt
Verwaltungsgebäude	**admin building** 'ädmin bilding
Videorekorder	**video recorder, camcorder** 'vidiou rikɔdə, 'kämkɔdə
Visitenkarte	**business card** 'bisniß kahd
Vortrag	**talk, lecture** tɔk, 'lektschə

Übernachten

INFORMATION

Wissen Sie, wo ich hier ein Zimmer finden kann?	**Do you know where I can find a room here?** də ju 'nou 'weər_ai kən faind_ə ruhm hiə?
Können Sie mir ... empfehlen?	**Can you recommend ...** kən_ju 'rekə'mend ...
ein *gutes/preiswertes* Hotel	**a *good/reasonably priced* hotel?** ə '*gud/'rihsnəbli praißt* hou'tel?
eine Pension	**a bed & breakfast (place)** ə 'bed_ən 'brekfəßt (pläiß)
Ich suche eine Unterkunft ...	**I'm looking for a room ...** aim 'luking fər_ðə 'ruhm ...
in *zentraler/ruhiger* Lage.	**in *the centre/a quiet location*.** in ðə '*ßentə/ə 'kwaiət lou'käischn*.
am *Strand/Fluss*.	**on the *beach/riverfront*.** ɔn ðə '*bihtsch/'rivəfrant*.
Wie viel kostet es (ungefähr)?	**How much is it (approximately)?** hau matsch_'is_it_(ə'prɔximətli)?
Können Sie für mich dort reservieren?	**Could you book me in (there)?** kud_ju 'buk mi_'in (ðeə)?
Gibt es hier *eine Jugendherberge/einen Campingplatz*?	**Is there a *youth hostel/campsite* around here?** 'is ðeər_ə '*juθ hɔßtl/ 'kämpßait*_əraund hiə?
Ist es weit von hier?	**Is it far from here?** 'is_it 'fah frəm hiə?

34

Wie komme ich dorthin?	**How do I get there?** 'hau du_ai 'get ðeə?
Können Sie mir den Weg aufzeichnen?	**Could you draw me a little map?** kud_ju 'drɔ mi_ə litl 'mäp?

HOTEL UND FERIENWOHNUNG

Hotel

Für mich ist bei Ihnen ein Zimmer reserviert. Mein Name ist …	**You have a room for me. My name is …** ju 'häv_ə 'ruhm fə mi. mai 'näim_is …
Hier ist meine Bestätigung.	**This is my letter of confirmation.** 'ðiß_is mai 'letər_əv kɔnfə'mäischn.
❓ **Could I have your voucher please?** kud_ai 'häv_jɔ 'vautschə plihs?	Dürfte ich bitte Ihren Gutschein haben?
Haben Sie ein *Doppelzimmer/ Einzelzimmer* frei …	**Do you have a** *double/single* **room …** də ju 'häv_ə *'dabl/'ßingl* ruhm …
für *einen Tag/… Tage?*	**for *one night/… nights?*** fə *'wan 'nait/… 'naitß?*
mit *Bad/Dusche* und WC?	**with (a)** *bath/shower* **and toilet?** wi_(ə) *'baθ/'schauər*_ən 'toilət?
mit Balkon?	**with a balcony?** wið'_ə 'bälkəni?
mit Blick aufs Meer?	**overlooking the sea?** 'ouvə'luking ðə 'ßih?

INFO In britischen Hotels und Pensionen fallen die Doppelbetten eher klein aus. Es ist also ratsam, gleich bei der Reservierung anzugeben, ob Sie zwei Einzelbetten („twin beds") oder ein Doppelbett („a double bed") bevorzugen.

> **I'm afraid we're fully booked.**
> aim_ə'fräid wiə 'fuli 'bukt.
>
> Wir sind leider ausgebucht.

> **There's a vacancy** *from tomorrow/ from ...* ðeəs_ə 'väikənßi frəm tə'mɔrou/frəm ...
>
> *Morgen/Am ...* wird ein Zimmer frei.

Wie viel kostet es ...	**How much is it ...** 'hau matsch_'is_it ...	
mit/ohne Frühstück?	**with/without breakfast?** wið/wi'ðaut 'brekfəßt?	
mit *Halbpension/ Vollpension*?	**with *half/full* board?** wið 'hahf/'ful 'bɔd?	

INFO In Hotels und Pensionen heißt das einfache Frühstück „Continental breakfast" und besteht meistens aus Cornflakes oder Müsli gefolgt von Toast, Brötchen oder auch Croissants mit Marmelade. Dazu gibt es natürlich Kaffee oder Tee. Meistens gegen Aufpreis kann man ein „*English/Full/Cooked* breakfast" bestellen: Nach den Cornflakes oder „porridge" (Haferbrei) gibt es Eier jeglicher Art, gebratenen Schinkenspeck, gebratene Würste, Tomaten und Champignons, oder sogar Fisch. Toast und Marmelade gehören zur Abrundung selbstverständlich auch dazu.

Gibt es eine Ermäßigung für Kinder?	**Is there a child discount?** 'is ðeər_ə 'tschaild 'dißkaunt?
Kann ich mit dieser Kreditkarte bezahlen?	**Can I pay with this credit card?** kən_ai 'päi wið 'ðiß 'kredit kahd?
Kann ich mir das Zimmer ansehen?	**Can I see the room?** kən_ai 'ßih ðə 'ruhm?
Können Sie ein Kinderbett aufstellen?	**Can you put in a cot?** kən_ju 'put_in_ə 'kɔt?
Haben Sie noch ein … Zimmer? anderes billigeres größeres ruhigeres	**Do you have … room?** də ju 'häv_…_ruhm? **another** ə'naðə **a cheaper** ə 'tschihpə **a bigger** ə 'bigə **a quieter** ə 'kwaiətə
Es ist sehr schön. Ich nehme es.	**It's very nice. I'll take it.** itß 'veri 'naiß. ail 'täik_it.
Könnten Sie mir das Gepäck aufs Zimmer bringen?	**Could you take my luggage up to the room?** kud_ju 'täik mai 'lagidsch_'ap tə ðə 'ruhm?
Wo ist das Bad?	**Where's the bathroom?** 'weəs ðə 'bahθruhm?
Wo kann ich meinen Wagen abstellen?	**Where can I park the car?** 'weə kən_ai 'pahk ðə 'kah?

2

Wann sind die Essenszeiten?	**What time are meals served?** 'wɔt taim_ə 'mihls_ßövd?
Wo ist der *Speisesaal/Frühstücksraum*?	**Where's the *dining/breakfast* room?** 'weəs ðə '*daining*/'*brekfəßt* ruhm?
Kann ich auf meinem Zimmer frühstücken?	**Can I have breakfast in my room?** kən_ai 'häv 'brekfəßt in mai ruhm?
Kann ich Ihnen meine Wertsachen zur Aufbewahrung geben?	**Can I leave my valuables with you for safekeeping?** kən_ai 'lihv mai 'väljəbls 'wið ju fə ßäif'kihping?
Ich möchte meine Wertsachen abholen.	**I'd like to collect my valuables.** aid 'laik tə kə'lekt mai 'väljəbls.
Kann ich bei Ihnen Geld umtauschen?	**Can I exchange money here?** kən_ai_ix'tschäindsch 'mani hiə?
Bitte den Schlüssel für …	**(The key to) Room …, please.** (ðə 'kih tə) 'ruhm …, plihs.
Kann ich … telefonieren?	**Can I call …** kən ai 'kɔl …
nach Deutschland	**Germany?** 'dschömənie?
nach Österreich	**Austria?** 'ɔßtriə?
in die Schweiz	**Switzerland?** 'ßwitßələnd?
Ist *Post/eine Nachricht* für mich da?	*Is there any mail/Are there any messages* **for me?** is ðər_ 'eni 'mäil/ah ðər_ 'eni 'meßidschis 'fɔ mih?

Wecken Sie mich bitte um … Uhr.	**Would you wake me at …, please?** wud_ju 'wäik mi_ət …, plihs?
Wir reisen morgen ab.	**We're leaving tomorrow.** wiə 'lihving tə'mɔrou.
Machen Sie bitte die Rechnung fertig.	**Please may I have my bill?** 'plihs mäi_ai 'häv mai 'bil?
Kann ich mein Gepäck noch bis … Uhr hier lassen?	**Can I leave my luggage here until …?** kən_ai 'lihv mai 'lagidsch hiər_an'til …?
Bitte rufen Sie ein Taxi.	**Would you *call/order* me a taxi?** wud_ju *'kɔl/'ɔdə* mi_ə 'täxi?

Ferienwohnung

Wir haben die Wohnung … gemietet.	**We've rented flat …** wihv 'rentid 'flät …
Wo bekommen wir die Schlüssel?	**Where do we get the keys?** 'weə du wi get ðə 'kihs?
Wie ist hier die Netzspannung?	**What's the voltage here?** 'wɔtß ðə 'voultidsch 'hiə?
Wo ist der *Sicherungskasten/Stromzähler*?	**Where's the *fusebox/electricity meter*?** 'weəs ðə *'fjuhsbɔx/ði ilek'trißiti 'mihtə*?

INFO Die Netzspannung in Großbritannien ist im Allgemeinen 240 Volt Wechselstrom. Für mitgebrachte Geräte (außer Rasierern) braucht man einen Adapter für die hier üblichen Dreipunktsteckdosen.

Könnten Sie noch ein Kinderbett aufstellen?	**Could you put in a cot?** kud_ju 'put_in_ə kɔt?
Könnten Sie uns bitte ... erklären?	**Could you show us how ... works?** kud_ju 'schou_əß hau ... wökß?
die Geschirrspülmaschine	**the dishwasher** ðə 'dischwɔschə
den Herd	**the cooker** ðə 'kukə
die Waschmaschine	**the washing machine** ðə 'wɔsching mə'schihn
Wohin kommt der Müll?	**Where does the rubbish go?** 'weə dəs ðə 'rabisch gou?
Wo kann man hier telefonieren?	**Where can I/we make a phone call here?** 'weə kən_ai/wi 'mäik ə 'foun kɔl hiə?
Sagen Sie uns bitte, wo ... ist.	**Could you tell us where there's ...** kud_ju 'tel_əß weə ðeəs_...
ein Bäcker	**a bakery?** ə 'bäikəri?
ein Fleischer	**a butcher?** ə 'butschə?
ein Lebensmittelgeschäft	**a food shop?** ə 'fuhd schɔp?
ein Supermarkt	**a supermarket?** ə 'ßuhpəmahkit?

„Meckerecke"

▶ Was meinen Sie dazu? (S. 21)

Könnte ich bitte noch ... haben?	**Could I have ... please?**	kud_ai 'häv ... plihs?
eine Decke	**an extra blanket**	_ən_ˈextrə ˈblänkit
Geschirrtücher	**some more tea towels**	Bəm mɔ ˈtih tauəls
ein Handtuch	**an extra towel**	ən_ˈextrə ˈtauəl
ein paar Kleiderbügel	**a few more clothes hangers**	_ə ˈfjuh mɔ ˈklouðs hängəs
Das Fenster geht nicht auf/zu.	**The window won't *open/close*.**	ðə ˈwindou wount_ ˈ*oupən*/ˈ*klous*.
... funktioniert nicht.	**... doesn't work.**	... dasnt wök.
Die Dusche	**The shower**	ðə ˈschauə
Der Fernseher	**The *TV*/television**	ðə *tihˈvih*/ˈtelevischn
Die Heizung	**The heating**	ðə ˈhihting
Das Licht	**The light**	ðə ˈlait
Die Wasserspülung funktioniert nicht.	**The toilet won't flush (properly).**	ðə ˈtoilət wount ˈflasch (ˈprɔpəli).
Es kommt kein (warmes) Wasser.	**There's no (hot) water.**	ðeəs ˈnou (hɔt) ˈwɔtə.

2

Der Wasserhahn tropft. **The tap's dripping.** ðə 'täpß 'driping.

Der Abfluss/Die Toilette **The sink (im Bad: The drain)/**
ist verstopft. **The toilet is blocked.** ðə 'ßink
(ðə 'dräin)/ðə 'toilət_is 'blɔkt.

… ist schmutzig. **… is dirty.** … is 'döti.

INFO Wundern Sie sich nicht über die etwas altmodischen Badezimmer, die noch heute teilweise in Großbritannien anzutreffen sind: Getrennte Hähne für kaltes und warmes Wasser sind keine Seltenheit, auch ist der Wasserdruck generell niedriger als auf dem europäischen Festland, so dass das Duschen etwas länger dauern kann.

➡ *Shopping (S. 136)*

Hotel, Ferienwohnung

Abendessen	**dinner** 'dinə
Abfluss	**drain** dräin
Abreise	**departure** di'pahtscha
Adapter	**adapter** ə'däptə
Anmeldeschein	**registration form** redschiß'träischn fohm
Anmeldung	**check-in** 'tschekin
ansehen	**to see, to look at** tə ßih, tə 'luk_ət
Appartement	**apartment** ə'pahtmənt
Aschenbecher	**ashtray** 'äschträi
Aufenthaltsraum	**lounge** laundsch
Aufzug	**lift** lift
Bad *(Badezimmer)*	**bath; bathroom** bahθ; 'bahθruhm

Badewanne	**bath** bahθ	
Balkon	**balcony** 'bälkəni	
Beanstandung	**complaint** kəm'pläint	
Besen	**broom** bruhm	
Bett	**bed** bed	
-laken	**sheet** schiht	
-wäsche	**bed linen** 'bed linən	
Bungalow	**bungalow** 'bangəlou	
Decke (*Woll-*)	**blanket** 'blänkət	
Doppelbett	**double bed** 'dabl 'bed	
Doppelzimmer	**double room** 'dabl 'ruhm	
Dusche	**shower** 'schauə	
Einzelbett	**single bed** 'ßingl bed	
Zimmer mit zwei -en	**twin bedded room** 'twinbedid 'ruhm	
Einzelzimmer	**single room** 'ßingl 'ruhm	
Empfang	**reception** ri'ßepschn	
Empfangshalle	**foyer** 'foiäi	
Erdgeschoss	**ground floor** 'graund 'flɔ	
Ermäßigung	**discount** 'dißkaunt	
Etage	**floor** flɔ	
Fenster	**window** 'windou	
Ferienhaus	**holiday *home*/*bungalow*** 'hɔlidäi 'houm/'bangəlou	
Ferienwohnung	**holiday *apartment*/*flat*** 'hɔlidäi ə'pahtmənt/'flät	
Fernseher	**TV, television** tih'vih/'televischn	
Fernsehraum	**TV room** tih'vih ruhm	
Frühstück	**breakfast** 'brekfəßt	
frühstücken	**to have breakfast** tə häv 'brekfəßt	

2

Frühstücksbüfett	**breakfast buffet**	'brekfəßt 'bufäi
Frühstücksraum	**breakfast room**	'brekfəßt ruhm
funktionieren	**to work**	tə wöhk
Gasflasche	**bottle of gas**	'botl_əv 'gäß
Gepäck	**luggage, cases** *pl.*	'lagidsch, 'käißis
Geschirr	**crockery**	'krokəri
Geschirrtuch	**tea towel**	'tih tauəl
Glas	**glass**	glahß
Glühbirne	**(light) bulb**	('lait) balb
Halbpension	**half board**	'hahf 'bod
Handtuch	**towel**	'tauəl
Hauptsaison	***peak/main season***	'pihk/'mäin 'ßihsn
Hausbesitzer	**house owner**	'haus_ounə
Heizung	**heating**	'hihting
Herd	**cooker**	'kukə
Hotel	**hotel**	hou'tel
Kaffeemaschine	**coffee-maker**	'kofimäikə
Kamin	**fireplace**	'faiəpläiß
kaputt	**broken**	'broukən
Kategorie	**category**	'kätəgri
Kinderbett	**cot**	kot
Kleiderbügel	**hanger**	'hängə
Klimaanlage	**air conditioning**	'eə kəndischəning
Kopfkissen	**pillow**	'pilou
Kühlschrank	**fridge**	fridsch
Lampe	**lamp**	lämp
Licht	**light**	lait
Lichtschalter	**light switch**	'lait ßwitsch
Matratze	**mattress**	'mätrəß

Miete	**rent**	rent
mieten *(Wohnung usw.)*	**to rent**	tə rent
Minibar	**minibar**	'miniba
Mittagessen	**lunch**	lantsch
Müll	**rubbish**	'rabisch
-eimer	**(rubbish) bin**	'rabisch bin
-tonne	**dustbin**	'daßtbin
Nachsaison	*low/off-peak* season	'lou/'ɔfpihk 'ßihsn
Nachttischlampe	**bedside lamp**	'bedßaid 'lämp
Nebenkosten	**extras, extra costs**	'extrəs, 'extrə kɔßtß
Notausgang	**emergency exit**	i'mödschənßi _'exit
Papierkorb	**waste-paper bin**	wäißt'päipə bin
Putzmittel	**cleaning materials**	'klihning mə'tiəriəls
Rechnung	**bill**	bil
reservieren	**to book**	tə buk
Rezeption	**reception**	ri'ßepschn
Safe	**safe**	ßäif
Schlüssel	**key**	kih
schmutzig	**dirty**	'döti
Schrank	**wardrobe**	'wɔdroub
Schublade	**drawer**	'drɔ
Sessel	**armchair**	'ahmtscheə
Sicherung	**fuse**	fjuhs
Spannung, elektrische	**voltage**	'voultidsch
Speisesaal	**dining room**	'daining ruhm
Spiegel	**mirror**	'mirə
Spülmaschine	**dishwasher**	'dischwɔschə
Steckdose	**socket**	'ßɔkət
Stecker	**plug**	plag

Strom	**electricity** ilek'trißiti
Stuhl	**chair** tschea
Swimmingpool	**(swimming) pool** ('ßwiming) puhl
Tasse	**cup** kap
Telefon	**(tele)phone** ('telə)foun
Teller	**plate, dish** pläit, disch
Terrasse	**terrace** 'teraß
Tisch	**table** 'täibl
Toilette	**toilet** 'toilət
Toilettenpapier	**toilet paper** 'toilət päipə
Treppe	**stairs** *pl.* ßteəs
(*draußen*)	**steps** *pl.* ßtepß
Tür	**door** dɔ
Übernachtung	**overnight stay** 'ouvənait ßtäi
eine -	**one night** 'wan nait
Verlängerungswoche	**extra week** 'extrə 'wihk
Vollpension	**full board** 'ful 'bɔd
Vorhang	**curtain** 'kötn
Vorsaison	**start of the season** ßtaht_əv ðə 'ßihsn
Waschbecken	**sink** ßink
Wäsche	**washing** 'wɔsching
- waschen	**to do the washing** tə 'duh ðə 'wɔsching
- bügeln	**to do the ironing** tə 'duh ði_'aiəning
- trocknen	**to dry the washing** tə 'drai ðə 'wɔsching
Waschmaschine	**washing machine** 'wɔsching məschihn
Wasser	**water** 'wɔtə

heißes -	**hot water** 'hɔt 'wɔtə	
kaltes -	**cold water** 'kould 'wɔtə	
Wasserhahn	**tap** täp	
Wasserspülung	**flush** flasch	
wecken	**to wake (up)** tə wäik_('ap)	
Zimmer	**room** ruhm	
Zimmermädchen	**maid** mäid	
Zwischenstecker	**adapter** ə'däptə	

JUGENDHERBERGE, CAMPING

Jugendherberge

Haben Sie noch etwas frei? — **Do you have any vacancies?** də ju 'häv_əni 'väikənßihs?

Ich möchte *eine Nacht/ … Nächte* bleiben. — **I'd like to stay for *one night/… nights*.** aid 'laik tə 'ßtäi fə *wan 'nait/… 'naitß.*

Wie viel kostet die Übernachtung (pro Person)? — **How much is it a night (per person)?** 'hau matsch_'is_it_ə 'nait (pə 'pößn)?

Wie viel kostet das … — **How much does … cost?** 'hau matsch dəs … kɔßt?

   Frühstück? — **breakfast** 'brekfəßt
   Mittagessen? — **lunch** lantsch
   Abendessen? — **dinner** 'dinə

Wo ist der Speisesaal? — **Where's the dining room?** 'weəs ðə 'daining ruhm?

Wo kann ich hier etwas zu *essen/trinken* kaufen?	**Where can I buy something to *eat/drink* around here?** 'weə kən_ai 'bai 'Bamθing tu_ 'iht/'drink_əraund hiə?	
Wann sind die Essenszeiten?	**What time are meals served?** 'wɔt taim_ə 'mihls Bövd?	
Wo sind die *Waschräume/Toiletten*?	**Where are the *washrooms/toilets*?** 'weər_ə ðə 'wɔschruhms/'toilətß?	
Wo kann man hier seine Wäsche waschen?	**Where can one do some washing here?** 'weə kən wan duh Bəm 'wɔsching hiə?	
Gibt es hier Schließfächer?	**Are there any lockers?** 'ah ðər_'eni 'lɔkəs?	
Bis wie viel Uhr abends ist Einlass?	**What time do you lock up at night?** 'wɔt taim də ju 'lɔk_'ap_ət 'nait?	
Wie kommt man am günstigsten ins Zentrum?	**What's the best way to get to the town centre?** 'wɔtß ðə 'beßt wäi tə get tə ðə 'taun 'Bentə?	
Wo ist die nächste Bushaltestelle?	**Where's the nearest bus stop?** 'weəs ðə 'niərəßt 'baß_ßtɔp?	

Camping

Dürfen wir auf Ihrem Grundstück zelten?	**Do you mind if we camp on your land?** də ju 'maind_if wi 'kämp_ɔn jɔ 'länd?
Haben Sie noch Platz für …?	**Is there room for …?** is ðeə 'ruhm fə …?

Wie hoch ist die Gebühr für …	**What's the charge for …** 'wɔtß ðə tschahdsch fə(r) …
… Erwachsene und … Kinder?	**… adults and … children?** … 'ädaltß_ən … 'tschildrən?
einen Pkw mit Wohnwagen?	**a car with caravan?** ə 'kah wið 'kärəvän?
ein Wohnmobil?	**a** *motor caravan*/*camper van*? ə 'moutə 'kärəvän/'kämpə vän?
ein Zelt?	**a tent?** ə 'tent?
Vermieten Sie auch *Bungalows*/*Wohnwagen*?	**Do you also rent out** *bungalows*/*caravans*? də ju_'ɔlßou 'rent_aut 'bangəlous/'kärəväns?
Wir möchten einen (windgeschützten) Platz im Schatten.	**We'd like a place in the shade (out of the wind).** wihd laik a 'pläiß_in ðə 'schäid ('aut_əv ðə 'wind).
Wir möchten *einen Tag*/*… Tage* bleiben.	**We'd like to stay for** *one day*/*… days.* wihd 'laik tə 'ßtäi fə 'wan 'däi/… 'däis.
Wo können wir *unser Zelt*/*unseren Wohnwagen* aufstellen?	**Where can we** *put up our tent*/*park our caravan*? 'weə kən wi 'put_ap_ah 'tent/'pahk_ah 'kärəvän?
Wo sind die *Waschräume*/*Toiletten*?	**Where are the** *washrooms*/*toilets*? 'weər_ə ðə 'wɔschruhms/'toilətß?
Kosten die Warmwasserduschen extra?	**Do the hot showers cost extra?** 'du ðə hɔt 'schauəs kɔßt_'extrə

2

Wo kann ich …	**Where can I …** 'weə kən_ai …
das Chemieklo entsorgen?	**empty the chemical *toilet/closet*?** _'empti ðə 'kemikl_ *'toilət/'klɔsət*?
Frischwasser nachfüllen?	**fill up with fresh water?** fil 'ap wið 'fresch 'wɔtə?
das Abwasser entsorgen?	**get rid of the slops?** get 'rid_əv ðə 'Blɔpß?
Gibt es hier Stromanschluss?	**Is there an electric hookup?/Are there any power points?** 'is ðeər_ən_i'lektrik 'hukap/'ah ðər_eni 'pauə 'pointß?
Gibt es hier ein Lebensmittelgeschäft?	**Is there a food shop around here?** 'is ðər_ə 'fuhd schɔp_əraund hiə?
Kann ich Gasflaschen *ausleihen/umtauschen*?	**Can I *hire bottled gas/exchange gas canisters* here?** kən_ai 'haiə 'bɔtld 'gäß/_ix'tschäindsch 'gäß 'känißtəs hiə?
Können Sie mir bitte … leihen?	**Could you lend me …, please?** 'kud_ju 'lend mi …, plihs?

Jugendherberge, Camping

abmelden	**to check out** tə tschek_'aut
anmelden	**to check in** tə tschek_'in
Anmeldung	**check-in** 'tschekin
aufstellen	**(*Zelt*) to put up; (*Wohnwagen*) to park** tə put_'ap; tə 'pahk
Benutzungsgebühr	**(hire) charge** 'haiə tschahdsch
Bettwäsche	**bed linen** 'bed linən
Camping	**camping** 'kämping

-ausweis	**camping carnet** 'kämping kah'näi
-platz	**campsite, camping site** 'kämpßait, 'kämping ßait
Chemieklo	**chemical *toilet/closet*** 'kemikl *'toilət/'klɔsət*
Doppelzimmer	**double room** 'dabl 'ruhm
Dusche	**shower** 'schauə
duschen	**to (have a) shower** tə ('häv_ə) 'schauə
Einzelzimmer	**single room** 'ßingl 'ruhm
Frühstück	**breakfast** 'brekfəßt
Gas	**gas** gäß
-flasche	**bottled gas** 'bɔtld 'gäß
-kartusche	**gas canister** 'gäß_'känißtə
-kocher	**gas cooker** 'gäß 'kukə
-lampe	**gas lamp** 'gäß lämp
Herbergseltern	**(hostel) wardens** ('hɔßtl) 'wɔdns
Hering	**tent peg** 'tent peg
Isomatte	**foam mattress** foum 'mätrəß
Jugendgruppe	**youth group** 'juhθ gruhp
Jugendherberge	**youth hostel** 'juhθ hɔßtl
Jugendherbergs- ausweis	**youth hostel ID** 'juhθ hɔßtl_aidih
Kerze	**candle** 'kändl
kochen	**to cook** tə 'kuk
Kocher	**(primus) stove** ('praiməß)_ßtouv
Kochgeschirr	**pots and pans** *pl.*, **cooking utensils** *pl.* 'pɔtß_ən 'päns, 'kuking ju'tenßls
Kochtopf	**pot, saucepan** pɔt, 'ßɔßpən
leihen	**to hire out** tə 'haiər_aut

51

leihen, sich	to borrow, to hire	tə 'bɔrou, tə 'haiə
Luftmatratze	lilo, airbed	'lailou, 'eəbed
nachfüllen	to fill up with	tə fil_'ap wið
Schlafsaal	dormitory	'dɔmitri
Schlafsack	sleeping bag	'ßlihping bäg
Schließfach	locker	'lɔkə
Speisesaal	dining room	'daining ruhm
Spielplatz	playground	'pläigraund
Stellplatz	site	ßait
Strom	electricity	ilek'trißiti
Toilette	toilet	'tɔilət
Trinkwasser	drinking water	'drinking wɔtə
vermieten	to rent out	tə 'rent_'aut
waschen	to wash, to do the washing	tə 'wɔsch, tə 'duh ðə 'wɔsching
Wäschetrockner	(tumble) drier	('tambl) 'draiə
Waschmaschine	washing machine	'wɔsching mə'schihn
Waschmittel	detergent, washing powder	di'tödschənt, 'wɔsching paudə
Waschraum	washroom	'wɔschruhm
Wasser	water	'wɔtə
-kanister	water canister	'wɔtə 'känißtə
Wohnmobil	motor caravan, camper van	'moutə 'kärəvän, 'kämpə vän
Wohnwagen	caravan	'kärəvän
zelten	to camp, to go camping	tə kämp, tə gou 'kämping
Zelt	tent	tent

Unterwegs

FRAGEN NACH DEM WEG

Entschuldigung, wo ist …?	**Excuse me, where's …?** ɪx'kjuhs mi, 'weəs …?	
Wie komme ich *nach/zu* …?	**How do I get to …?** 'hau du_ai 'get tu …?	
Wie komme ich am *schnellsten/billigsten* zum …	**What's the *quickest/cheapest* way to get to the …** 'wɔtß ðə 'kwikəßt/ 'tschihpəßt wäi ɘ 'get tə ðə/ði …	
Bahnhof?	**station?** 'ßtäischn?	
Busbahnhof?	***bus/coach* station?** 'baß/'koutsch_ßtäischn?	
Flughafen?	**airport?** 'eəpɔt?	
Hafen?	**port?** pɔt?	
Wie komme ich zur Autobahn?	**How do I get onto the motorway?** 'hau du_ai 'get ɔntu ðə 'moutəwäi?	

!	**I'm afraid I *don't know/can't tell you*.** aim ə'fräid_ai 'dount 'nou/ 'kahnt 'tel ju.	Tut mir Leid, das weiß ich nicht.
!	**Go back.** gou 'bäk.	Zurück.
!	**Straight ahead.** 'ßträit_ə'hed.	Geradeaus.
!	**(To the) Right.** (tə ðə) 'rait.	Nach rechts.
!	**(To the) Left.** (tə ðə) 'left.	Nach links.

The *first/second* road on your *left/right*. ðə 'fößt/'ßekənd roud_ɔn jɔ 'left/'rait.	Die *erste/zweite* Straße *links/rechts*.
After the crossroads. 'ahftə ðə 'krɔßroudß.	Nach der Kreuzung.
Cross … krɔß …	Überqueren Sie …
the bridge. ðə 'bridsch.	die Brücke!
the square. ðə 'ßkweə.	den Platz!
the road. ðə 'roud.	die Straße!
You can take … ju_kən 'täik …	Sie können … nehmen.
the bus. ðə 'baß.	den Bus
the underground. ði_'andəgraund.	die U-Bahn

Ist das die Straße nach …?	**Is this the road to …?** is 'ðiß ðə roud tu …?
Wie weit ist es?	**How far is it?** hau 'fahr_is_it?
Quite a (long) way. 'kwait_ə ('lɔng) 'wäi.	Ziemlich weit.
Not far. 'nɔt 'fah.	Nicht weit.
Wie viele Minuten *zu Fuß/mit dem Auto?*	**How many minutes *on foot/by car?*** 'hau meni 'minitß_ɔn 'fut/bai 'kah?
It's very near. itß 'veri 'niə.	Ganz in der Nähe.
Zeigen Sie mir das bitte auf der Karte.	**Could you show me on the map?** kud ju 'schou mi_ɔn ðə 'mäp?

3

EIN- UND AUSREISE

Passkontrolle

!	**Your passport, please.** jɔ 'pahßpɔt, plihs.	Ihren Pass, bitte.
!	**Your passport has expired.** jɔ 'pahßpɔt həs_ix'paiəd.	Ihr Pass ist abgelaufen.
?	**How long are you planning to stay here?** 'hau 'lɔng_ə ju 'pläning tə 'ßtäi hiə?	Wie lange bleiben Sie hier?
?	**What is the purpose of your visit?** wɔt_is ðə 'pöpəß_əv_jɔ 'visit?	Was ist der Zweck Ihrer Reise?

Ich gehöre zur Reisegruppe ... **I'm with the ... group.** 'aim wið ðə ... gruhp.

Zoll

?	**Do you have anything to declare?** du ju häv_'eniθing tə də'kleə?	Haben Sie etwas zu verzollen?

Ich habe nur *Sachen für meinen persönlichen Bedarf/Geschenke*. **I've only got *articles for personal use/ presents*.** aiv_'ounli gɔt_'ahtikls fə 'pößənəl 'juhß/'presntß.

!	**Would you open the *boot/suitcase*, please.** wud ju 'oupən ðə *'buht/ 'ßuhtkäiß*, plihs?	Öffnen Sie bitte den *Kofferraum/Koffer*.

Ich habe *1 Stange Zigaretten/5 Flaschen Wein.*	**I've got *1 carton of cigarettes/5 bottles of wine.*** aiv gɔt 'wan 'kahtən_əv 'ßigəretß/'faiv 'botlß_əv 'wain.	

> ! **You'll have to pay duty on that.** jul 'häv tə päi 'djuhti_ɔn 'ðät. Das müssen Sie verzollen.

Ein- und Ausreise

Ausweis	**ID (card)** ai'dih (kahd)
Fahrzeugpapiere	**vehicle documents** 'viikl 'dɔkjumǝntß
Familienname	**surname** 'ßönäim
Führerschein	**driving licence** 'draiving 'laißǝnß
internationaler -	**international driving *licence/permit*** intǝ'näschǝnǝl 'draiving *laißǝnß/pöhmit*
Grenze	**border** 'bɔdǝ
gültig	**valid** 'välid
Mehrwertsteuer	**VAT** viäi'tih
Nationalitätskennzeichen	**nationality *sticker/plate*** näschǝ'näliti *ßtikǝ/pläit*
Nummer	**number** 'nambǝ
Papiere	**documents, papers** 'dɔkjumǝntß, 'päipǝs
Pass	**passport** 'pahßpɔt
-kontrolle	**passport control** 'pahßpɔt kǝn'troul
Personalausweis	**ID (card)** ai'dih (kahd)
Reisegruppe	**tour group** 'tuǝ gruhp
Staatsangehörigkeit	**nationality** näschǝ'näliti
ungültig	**invalid** in'välid
Unterschrift	**signature** 'ßignǝtschǝ

verlängern	**to renew** tə ri'njuh
Versicherungskarte, grüne	**green card** 'grihn 'kahd
verzollen	**to pay duty on** tə päi 'djuhti_ɔn
Vorname	**first name, forename** 'fößt 'näim, 'fonäim
Wohnort	**place of residence** 'pläiß_əv 'residənß
Zertifikat	**certificate** Bə'tifikət
Zoll	**customs** 'kaßtəms
-amt	**customs office** 'kaßtəms_ɔfiß
-beamter	**customs officer** 'kaßtəms_ɔfißə
-erklärung	**customs declaration** 'kaßtəms deklə'räischn

FLUGZEUG

Auskunft und Buchung

Zu welchem Terminal muss ich, wenn ich mit … nach … fliegen möchte?	**Which terminal do I need if I'm flying to … with …?** witsch 'töminl du_ai 'nihd_if_aim 'flaiing tə … wiδ …?
Wie komme ich zum Terminal 4?	**How do I get to Terminal 4?** 'hau_du_ai 'get tə 'töminl 'fɔ?
Wo ist der Schalter der …?	**Where's the … desk?** 'weəs δə … deßk?
Wann fliegt die nächste Maschine nach …?	**When's the next flight to …?** 'wens δə 'next flait tə …?

Wann fliegt heute ein Flugzeug nach …?	**When is there a flight to … today?** 'wen_is ðər_ə 'flait tə … tə'däi?	
Sind noch Plätze frei?	**Are there any seats left?** 'ah_ðər_'eni ßihtß 'left?	
Wie viel kostet ein Flug nach … (und zurück)?	**How much is a (return) flight to …?** 'hau matsch_is_ə (ri'tön) 'flait tə …?	
Bitte ein Flugticket nach …, …	**A … ticket to …, please.** ə … tikət tə …, plihs.	
einfach.	**single** 'ßingl	
hin und zurück.	**return** ri'tön	
1. Klasse.	**first-class** 'fößt klahß	

! **I'm afraid the flight is full (up).**   Dieser Flug ist leider
• aim_ə'fräid ðə 'flait_is 'ful_('ap).   ausgebucht.

Gibt es *Sondertarife/ Stand-by-Plätze*?	**Are there any *special rates/standby seats*?** ah_ðər_eni 'ßpeschl 'räitß/'ßtändbai ßihtß?
Ich hätte gerne einen *Fensterplatz/Platz am Gang, Nichtraucher/ Raucher*.	**I'd like *a window seat/an aisle seat, non-smoking/smoking*.** aid 'laik_ə 'windou ßiht/ən 'ail ßiht, 'nɔn'ßmouking/'ßmouking.
Wo ist der Ausgang B?	**Where's Gate B?** 'weəs gäit 'bih?
Wie viel Verspätung hat die Maschine nach …?	**How long is the delay on the flight to …?** hau 'lɔng_is ðə di'läi_ɔn ðə 'flait tə …?

Ich möchte diesen Flug …	**I'd like to … my flight.** aid 'laik tə … mai flait.
rückbestätigen lassen.	**confirm** kən'föm
stornieren.	**cancel** 'känßl
umbuchen.	**change** 'tschäindsch
Kann ich das als Handgepäck mitnehmen?	**Can I take this as hand luggage?** kən_ai täik 'ðiß_əs 'händ 'lagidsch?
Mein Koffer ist beschädigt worden. An wen kann ich mich wenden?	**My case has been damaged. Who should I report it to?** mai 'käiß_həs bin 'dämidschd. 'huh schud_ai ri'pot_it tu?

Im Flugzeug

Könnte ich bitte (noch) … bekommen?	**Could I have (*another/some more*) …?** 'kud_ai 'häv_(ə'naðə/ßəm 'mɔ) …?
Mir ist schlecht.	**I feel sick.** ai fihl 'ßik.
Wann landen wir?	**When are we due to land?** 'wen_ə wi djuh tə 'länd?

Flugzeug

Abflug	**take-off, departure** 'täikɔf, di'pahtschə
Ankunft	**landing, arrival** 'länding, ə'raivl
Anschlussflug	**connecting flight** kə'nekting flait
anschnallen, sich	**to put one's seatbelt on** tə 'put wans 'ßihtbelt_ɔn

Ausgang	**exit** 'exit
ausgebucht	**full (up)** ful ('ap)
Bordkarte	**boarding pass** 'boding pahß
buchen	**to book** tə buk
Buchung	**booking, reservation** 'buking, resə'väischn
Charterflug	**charter flight** 'tschahtə flait
Fenster	**window** 'windou
fliegen	**to fly** tə flai
Flug	**flight** flait
-gesellschaft	**airline** 'eəlain
-hafen	**airport** 'eəpɔt
-hafenbus	**airport shuttle bus** 'eəpɔt 'schatl baß
-zeit	**flying time** 'flaiing taim
-zeug	**aircraft, aeroplane** 'eəkrahft, 'eərəpläin
Frischluftdüse	**fresh air inlet,** *etwa:* **air conditioning** fresch 'eər_inlet, 'eə kəndischəning
Gepäck	**luggage, baggage** 'lagidsch, 'bägidsch
Handgepäck	**hand luggage** 'händ lagidsch
Informationsschalter	**information desk** infə'mäischn deßk
Klasse	**class** klahß
landen	**to land** tə länd
Landung	**landing** länding
Linienflug	**scheduled flight** 'schedjuhld 'flait
Luftkrankheit	**airsickness** 'eəsiknəß
Nichtraucher	**non-smoking (section)** 'nɔn'ßmouking (ßekschn)

3

Notausgang	**emergency exit**	i'mödschənßi_'exit
Notlandung	**emergency landing**	i'mödschənßi 'länding
Notrutsche	**emergency chute**	i'möhdschənßi 'schuht
Ortszeit	**local time**	'loukl taim
Raucher	**smoking (section)**	'ßmouking (ßekschn)
rückbestätigen	**to confirm**	tə kən'főm
Rückflug	**return flight**	ri'tőn flait
Schalter	**(check-in) desk**	('tschekin) deßk
Schwimmweste	**life jacket**	'laif dschäkit
Spucktüte	**sick bag**	'ßik bäg
Start	**take-off**	'täikof
starten	**to take off**	tə täik 'of
Steward(ess)	**flight attendant**	'flait_ə'tendənt
stornieren	**to cancel**	tə 'känßl
umbuchen	**to change (one's flight)**	tə tschäindsch (wans 'flait)
Verspätung	**delay**	di'läi
Wickelraum	**baby-care room**	'bäibi keə ruhm
Zwischenlandung	**stopover**	'ßtopouvə

ZUG

INFO Der „Brit-Rail Pass" für Touristen berechtigt zu unbegrenzten Fahrten in England, Schottland und Wales, muss aber vor der Anreise im Ausland gekauft werden. Da die Bahnfahrten in Großbritannien relativ teuer sind, ist diese Sonderfahrkarte sehr zu empfehlen.

Auskunft und Fahrkarten

Zu welchem Bahnhof muss ich, wenn ich nach ... fahren möchte?	**Which station do I need for the train to ...?** witsch 'stäischn du_ai 'nihd fə ðə 'träin tə ...?
Wo ist die Touristeninformation?	**Where's the tourist information office?** 'weəs ðə 'tuərißt_infə'mäischn_ɔfiß?
Wo finde ich die *Gepäckaufbewahrung/ Schließfächer*?	**Where can I find the left-luggage *office/lockers*?** 'weə kən_ai faind ðə 'left'lagidsch_ɔfiß/lɔkəs?

INFO Schließfächer wurden in Großbritannien aufgrund der häufigen Bombenalarme und -anschläge größtenteils abgeschafft, so dass es sie relativ selten gibt.

Wann fährt der *nächste/letzte* Zug nach ...?	**When's the *next/last* train to ...?** 'wens ðə *'next/'lahßt* träin tə ...?
Wann fahren Züge nach ...?	**What time do trains leave for ...?** wot 'taim du 'träins 'lihv fə ...?
Wann ist er in ...?	**When does it get to ...?** 'wen dəs_it 'get tə ...?
Muss ich umsteigen?	**Do I have to change trains?** du ai 'häv_tə 'tschäindsch 'träins?
Von welchem Gleis fährt der Zug nach ... ab?	**Which platform does the train to ... leave from?** witsch 'plätfom dəs ðə 'träin tə ... 'lihv frəm?

Was kostet die Fahrt nach …?	**How much is it to …?** 'hau matsch_'is_it tə …?
Gibt es eine Ermäßigung für …?	**Are there** *special rates/concessions* **for …?** 'ah_ðeə 'ßpeschl 'räitß/ kən'ßeschns fə …?
Bitte *eine Karte/ zwei Karten* nach …, …	*A … ticket/Two … tickets* **to …, please.** ə … 'tikət/'tuh … 'tikətß tə …, plihs.
einfach.	**single** 'ßingl
hin und zurück.	**return** ri'tön
erster/zweiter Klasse.	*first-/second-class* 'fößt/'ßekənd- klahß
Eine Tagesrückfahrkarte nach …, bitte.	**A day return to …, please.** ə 'däi ri'tön tə …, plihs.
Bitte zwei Erwachsene und drei Kinder nach …	**Two adults and three children to …, please.** tuh_'ädaltß_ənd 'θrih 'tschildrən tə …, plihs.
Bitte reservieren Sie für den Zug nach … um 13.30 Uhr einen Platz …	**I'd like to book a … seat on the 1.30 train to …, please.** aid 'laik tə buk_ə … 'ßiht ɔn ðə 'wanθöti 'träin tə …, plihs.
am Fenster.	**window** 'windou
für *Nichtraucher/ Raucher.*	***non-smoking/smoking*** 'nɔn'ßmouking/'ßmouking

INFO Fahrräder und sperriges Gepäck mit der Bahn zu befördern ist in Großbritannien recht teuer. Erkundigen Sie sich am besten im Voraus über die Kosten.

The train to Coventry is about to leave from Platform 10. ðə 'träin tə 'kɔvəntri_is_ə'baut tə 'lihv frəm 'plätfom 'ten	Der Zug nach Coventry fährt gleich von Gleis 10 ab.

Hinweisschilder

Not for Drinking! nɔt fə 'drinking	Kein Trinkwasser!
Exit 'exit	Ausgang
Information infə'mäischn	Auskunft
Left Luggage 'left 'lagidsch	Gepäckaufbewahrung
Lockers 'lokəs	Schließfächer
Platform 'plätfom	Gleis
Showers 'schauəs	Duschen
Toilets/WC 'toilətß, dabljuh 'ßih	Toiletten
To Trains tə 'träins	Zu den Bahnsteigen
Waiting Room 'wäiting ruhm	Wartesaal

Im Zug

Ist dies der Zug nach …?	**Is this the train to …?** iß 'ðis ðə 'träin tə …?
Ist dieser Platz frei?	**Is this seat taken?** iß 'ðis_ßiht 'täikən?

INFO Engländer fragen meistens „Is this seat taken?" – „Ist dieser Platz besetzt?". Wenn er frei ist, antwortet man also „No", wenn besetzt „Yes".

Entschuldigen Sie, das ist mein Platz.	**Excuse me, that's my seat.** ix'kjuhs mi, däts 'mai Biht.
Darf ich das Fenster *öffnen/schließen*?	**Do you mind if I *open/close* the window?** də ju_'maind_if_ai 'oupən/'klous ðə_'windou?
❗ **Tickets, please!** 'tikətß, plihs!	Die Fahrkarten bitte!
Wie viele Stationen sind es noch bis …?	**How many (more) stops to …?** 'hau meni (mɔ) 'ßtɔpß tə …?
Sind wir pünktlich in …?	**Will we be in … on time?** 'wil wi bi_in … ɔn 'taim?
Wie lange haben wir dort Aufenthalt?	**How long does the train stop there?** 'hau 'lɔng dəs ðə träin 'ßtɔp ðeə?
Erreiche ich den Zug nach … noch?	**Will I catch my connection to …?** 'wil_ai_'kätsch mai kə'nekschn tə …?

Zug

abfahren	**to leave** tə lihv
Abfahrt	**departure** di'pahtschə
Abteil	**compartment** kəm'pahtmənt
ankommen	**to arrive** tu_ə'raiv
Ankunft	**arrival** ə'raivl

Anschluss	**connection**	kə'nekschn
Aufenthalt	**stop**	ßtɔp
Ausgang	**exit**	'ekßit
aussteigen	**to get out**	tə get_'aut
Bahnhof	**station**	'ßtäischn
Bahnsteig	**platform**	'plätfɔm
besetzt (*Platz*)	**taken**	'täikən
Eingang	**entrance**	'entrənß
einsteigen	**to get on**	tə get_'ɔn
Ermäßigung	**special rate, concession**	'ßpeschl 'räit, kən'ßeschn
fahren (*Zug*)	**to go, (*abfahren*) to leave**	tə gou, tə lihv
Fahrkarte	**ticket**	'tikət
Fahrplan	**timetable**	
Fahrpreis	**fare**	feə
Fensterplatz	**window seat**	'windou ßiht
Gepäckwagen	**luggage van**	'lagidsch vän
Gleis	**platform**	'plätfɔm
Großraumwagen	**open-plan carriage**	'oupənplän 'käridsch
Klasse	**class**	klahß
Liegewagen	**couchette (car)**	kuh'schet (kah)
Nichtraucher	**non-smoking (compartment)**	'nɔn_'ßmouking (kəm'pahtmənt)
Notbremse	**emergency brake**	i'mödschənßi bräik
Platz	**seat**	ßiht
Raucher	**smoking (compartment)**	'ßmouking (kəm'pahtmənt)
reserviert	**reserved**	ri'sövd

3

Schaffner	**guard** gahd
Schlafwagen	**sleeper, sleeping car** 'ßlihpə, 'ßlihping kah
Schließfächer	**(left-luggage) lockers** (left'lagidsch) lokəs
Speisewagen	**dining car** 'daining kah
Tagesrückfahrkarte	**day return** 'däi ri'tön
umsteigen	**to change trains** tə 'tschäindsch 'träins
Waggon	**carriage, car** 'käridsch, kah
Zug	**train** träin
Zuschlag	**extra charge** 'extrə 'tschahdsch

INFO Die Abteile in manchen Nahzügen haben keinen Außengang, so dass man direkt in das Abteil einsteigt und unter Umständen unmittelbar neben der Tür sitzt.

BUS

Gibt es eine Busverbindung nach …?	**Is there a bus service to …?** 'is ðər_ə 'baß_ßöviß tə …?
Wo muss ich umsteigen?	**Where do I have to change?** 'weə du_ai häv tə 'tschäindsch?
Eine *einfache Karte/(Tages)Rückfahrkarte* nach …, bitte.	**A *single/(day) return* to …, please.** ə 'ßingl/('däi) ri'tön tə …, plihs.

Können Sie mir bitte sagen, wenn wir in … sind?	**Can you tell me when we get to …, please?** kən ju 'tel mi wen wi get tə …, plihs?
Wie lange dauert die Fahrt ungefähr?	**How long will it take approximately?** 'hau 'lɔng wil_it 'täik_ə'prɔximətli?

INFO In Großbritannien gibt es ein umfassendes Netz von Busverbindungen für Kurz- und Langstrecken. Die Fahrpreise sind im Vergleich zu Bahnfahrkarten ausgesprochen billig. Auskünfte erteilen die Touristeninformationsstellen.

SCHIFF

Auskunft und Buchung

Welche ist die beste Schiffsverbindung nach …?	**Which is the best way to get to … by boat?** 'witsch_is ðə 'beßt 'wäi tə get tə … bai 'bout?
Wann fährt die Fähre nach … ab?	**When does the ferry to … leave?** 'wen dəs ðə 'feri tə … lihv?
Wie lange dauert die Überfahrt nach …?	**How long is the crossing to …?** 'hau 'lɔng_is ðə 'krɔßing tə …?
Wann legen wir in … an?	**When do we dock in at …?** 'wen du wi dɔk_'in_ət …?
Wann müssen wir wieder an Bord sein?	**When do we have to be back on board?** 'wen də wi häv tə bi 'bäk ɔn 'bɔd?

Ich möchte das Auto mitnehmen.	**I'd like to take the car with me.** aid 'laik tə täik ðə 'kah wið mi.
Ich möchte eine Schiffskarte (erster Klasse) nach ... eine Einzelkabine. eine Zweibettkabine. eine Außenkabine. eine Innenkabine.	**I'd like** aid 'laik_ **a (first-class) passage to ...** ə ('fößt klahß) 'päßidsch tə ... **a single cabin.** ə 'ßingl 'käbin. **a twin cabin.** ə 'twin 'käbin. **an outside cabin.** ən_'autßaid 'käbin. **an inside cabin.** ən_'inßaid_'käbin.
Ich möchte eine Karte für die Rundfahrt um ... Uhr.	**I'd like a ticket for the sightseeing cruise at ...** aid 'laik_ə 'tikət fə ðə 'ßaitßiing kruhs_ət ...
An welcher Anlegestelle liegt die ...?	**Where ist the ... moored?** 'weər_is ðə ... muəd?

An Bord

Ich suche die Kabine Nr. ...	**I'm looking for cabin no. ...** aim 'luking fə 'käbin nambə ...
Kann ich eine andere Kabine bekommen?	**Could I have another cabin?** 'kud ai häv_ə'naðə 'käbin?
Haben Sie ein Mittel gegen Seekrankheit?	**Do you have anything for seasickness?** də ju häv_'eniθing fə 'ßihßiknəß?

Schiff

anlegen	**to dock, to land**	tə dok, tə länd
ausbooten	**to disembark**	tə dißəm'bahk
Ausflug	**excursion**	ix'köschn
auslaufen	**to sail**	tə ßail
Autofähre	**car ferry**	'kah feri
Deck	**deck**	dek
Fähre	**ferry**	'feri
Festland	**mainland**	'mäinlənd
Hafen	**port, harbour**	pot, 'hahbə
Insel	**island**	'ailənd
Kabine	**cabin**	'käbin
Kai	**quay**	kih
Kanal	**canal**; (*Ärmelkanal*) **Channel**	kə'näl; 'tschänl
Kapitän	**captain**	'käptin
Kreuzfahrt	**cruise**	kruhs
Küste	**coast**	koußt
Landausflug	**(land) excursion**	('länd) ix'köschn
Leuchtturm	**lighthouse**	'laithauß
Liegestuhl	**deckchair**	'dektscheə
Luftkissenboot	**hovercraft**	'hovəkrahft
Rettungsboot	**lifeboat**	'laifbout
Rettungsring	**lifebelt**	'laifbelt
Schiff	**ship**	schip
Schiffsagentur	**shipping agency**	schiping_äidschənßi
Schwimmweste	**life jacket**	laif 'dschäkit
Seegang (*hoher*)	**rough seas** *pl.*	raf 'ßihs
Seekrankheit	**seasickness**	'ßihßiknəß

3

Speisesaal	**dining room** 'daining ruhm
Tragflächenboot	**hydrofoil** 'haidrəfoil
Überfahrt	**crossing** 'krɔβing
Ufer	**shore;** (*Fluß*) **bank** ʃɔ:; bänk
Welle	**wave** wäiv
Wolldecke	**blanket** 'blänkit
Zweibettkabine	**two-berth cabin** 'tuhböθ 'käbin

KANAL- UND FLUSSFAHRTEN

!	**No mooring**	Anlegen verboten
!	**Mooring for residents only**	Nur für Anlieger
!	**Please report to the lock-keeper**	Bitte beim Schleusenwärter melden

Fluss	**river** 'rivə
Kanal	**canal** kə'näl
Schleuse	**lock** lɔk
Schleusenwärter	**lock-keeper** 'lɔkkihpə

AUTO, MOTORRAD UND FAHRRAD

Mietvehikel

Ich möchte ... (mit Automatik) mieten.	**I'd like to hire a/an (automatic) ...** aid 'laik tə 'haiər_ə/ən (ɔtə'mätik) ...
ein Auto	**car.** kah.
einen Geländewagen	**four-wheel drive/off-roader.** 'fɔwihl 'draiv/ɔf'roudə.

einen Kleinbus	**minibus.** 'minibəß.	
ein Motorrad	**motorbike.** 'moutəbaik.	
ein Wohnmobil	***motor caravan/camper van.*** 'moutə 'kärəvän/'kämpə vän.	

? Could I see your driving licence, please? 'kud_ai 'ßih jɔ 'draiviŋ laißənß, plihs? — Könnte ich bitte Ihren Führerschein sehen?

Ich möchte ein Fahrrad/Mountainbike mit *3/18* Gängen mieten. — **I'd like to hire *a 3-gear/an 18-gear bicycle/mountain bike.*** aid 'laik tə 'haiər_ə 'θrihgiə/ən_äi'tihngiə 'baißikl/'mauntən baik.

Ich möchte es für … mieten. — **I'd like to hire it for …** aid 'laik tə 'haiər_it fə(r) …

  morgen — **tomorrow.** tə'mɔrou.
  übermorgen — **the day after tomorrow.** ðə 'däi_ahftə tə'mɔrou.
  einen Tag — **one day.** 'wan 'däi.
  eine Woche — **a week.** ə 'wihk.

? What kind of car would you like? wɔt 'kaind_əv 'kah wud_ju 'laik? — Was für einen Wagen möchten Sie?

Wie viel kostet das? — **How much does that cost?** 'hau matsch dəs ðät 'kɔßt?

Wie viele Meilen sind im Preis enthalten? — **How many miles are included in the price?** 'hau meni 'mails_ər_in'kluhdid_in ðə 'praiß?

3

73

Was muss ich tanken?	**What fuel does it take?**	wɔt 'fjuəl dəs_it 'täik?
Ist eine Vollkaskoversicherung eingeschlossen?	**Does it include fully comprehensive insurance?**	'das_it_inkluhd 'fuli kɔmprə'henßiv_in'schuərənß?
Wie hoch ist die Selbstbeteiligung?	**Would I have to pay any excess?**	'wud_ai häv_tə 'päi_eni_'exeß?
Kann ich das Auto auch in … abgeben?	**Can I also hand the car back in …?**	kən_ai_'ɔlßou händ ðə_kah 'bäk_in …?
Kann ich das Auto am Hotel hinterlassen?	**Can I leave the car at the hotel?**	kən_ai 'lihv ðə kahr_ət ðə hou'tel?
Bis wann muss ich zurück sein?	**When do I have to be back by?**	'wen du_ai häv tə bi 'bäk bai?
Bitte geben Sie mir auch einen Sturzhelm.	**Could I also have a crash helmet, please?**	kud_ai_'ɔlßou häv_ə 'kräsch helmət, plihs?

INFO

Geschwindigkeitsbegrenzungen:
Geschlossene Ortschaft: 30 mph (48 km/h)
Außerhalb geschlossener Ortschaften: 60 mph (96 km/h)
Wohnwagen/-mobil: 50 mph (80 km/h)
Schnellstraße („dual carriageway"), Autobahn („motorway"): 70 mph (112 km/h)
Wohnwagen/-mobil: 60 mph (96 km/h)
Straßenbezeichnungen, die mit „A" oder „B"

anfangen, entsprechen etwa den Bundesstraßen. Viele der „A roads" sind Schnellstraßen mit zwei Fahrspuren in jeder Richtung. „M" steht für „motorway" (= Autobahn).

Parken

Ist hier in der Nähe ein *Parkhaus/Parkplatz*?	**Is there** *a multi-storey car park/a car park* **near here?** 'is ðər_ə *'maltißtori 'kah pahk/ə 'kah pahk* niə hiə?
Ist der Parkplatz bewacht?	**Is it a supervised car park?** 'is_it_ə 'ßuhpəvaisd 'kah pahk?
Ist das Parkhaus die ganze Nacht geöffnet?	**Is the (multi-storey) car park open all night?** 'is ðə ('maltißtori) 'kah pahk 'oupən_ɔl 'nait?
Kann ich hier parken?	**Can I park here?** kən_ai 'pahk hiə?

Tanken und Service

Wo/Wie weit ist die nächste Tankstelle?	*Where's/How far is it to* **the nearest petrol station?** *'weəs/hau 'fahr_is_it tə* ðə 'niərəßt 'petrəl ßtäischn?
Bitte voll tanken!	**Full, please.** 'ful, plihs.
Bitte für £ …	**… pounds' worth of …, please.** … 'paunds wöθ_əv …, plihs.
Benzin bleifrei.	**unleaded** an'ledid
Super bleifrei.	**super unleaded** 'ßuhpər_an'ledid

| Super verbleit. | **four-star** 'fɔßtah |
| Diesel. | **diesel** 'dihsl |

Ich möchte *1 Liter/*	**I'd like *1 litre/2 litres* of oil.**
2 *Liter* Öl.	aid laik *'wan 'lihtər_/'tuh*
	*'lihtəs_əv*_oil.

| Machen Sie bitte | **Could you do an oil change, please?** |
| einen Ölwechsel. | kud_ju du_ən_'oil tschäindsch, plihs? |

Panne, Unfall

Rufen Sie bitte	**Please call … , quick!** 'plihs kɔl …,
schnell …	'kwik!
die Feuerwehr!	**the fire brigade** ðə 'faiə bri'gäid
einen Krankenwagen!	**an ambulance** _ən_'ämbjulənß
die Polizei!	**the police** ðə pə'lihß

| Ich habe einen | **I've had an accident.** |
| Unfall gehabt. | aiv 'häd_ən_'äkßidənt. |

| Kann ich bei Ihnen | **Could I use your phone?** |
| telefonieren? | 'kud ai 'juhs jɔ 'foun? |

Es ist niemand verletzt. **Nobody's hurt.** 'noubədis 'höt.

| … Personen sind | **… people have been (seriously) hurt.** |
| (schwer) verletzt. | … 'pihpl häv bin ('ßiəriəßli) 'höt. |

Bitte helfen Sie mir. **Please help me.** plihs 'help mih.

| Ich brauche | **I need *a first-aid kit/some bandages*.** |
| Verbandszeug. | ai 'nihd_ə fößt 'äid kit/ßəm 'bändidschis. |

Ich habe kein Benzin mehr.	**I've run out of petrol.** aiv 'ran_aut_əv 'petrəl.
Könnten Sie ...	**Could you ...** 'kud ju ...
mich ein Stück mitnehmen?	**give me a lift?** 'giv mi_ə 'lift?
meinen Wagen abschleppen?	**tow my car away?** 'tou mai 'kahr_əwäi?
mir einen Abschleppwagen schicken?	**send me a breakdown van?** 'ßend mi_ə 'bräikdaun vän?
Es ist nicht meine Schuld.	**It wasn't my fault.** it wɔsnt 'mai fɔlt.
Ich glaube, wir sollten die Polizei holen.	**I think we should call the police.** ai 'θink wi schud 'kɔl ðə pə'lihß.
Sie haben ...	**You ...** ju ...
die Vorfahrt nicht beachtet.	**ignored the right of way.** _ig'nɔd ðə rait_əv 'wäi.
die Kurve geschnitten.	**cut the corner.** 'kat ðə 'kɔnə.
Sie sind ...	**You were ...** ju wə ...
zu dicht aufgefahren.	**driving too close (to me).** 'draiving tuh 'klouß (tə mih).
zu schnell gefahren.	**driving too fast.** 'draiving tuh 'fahßt.
Ich bin ... Stundenmeilen gefahren.	**I was doing ... miles an hour.** ai wəs duing ... mails_ən_'auə.

3

INFO 1 Kilometer = 0,6214 Meilen
Als grobe Richtlinie kann man sich leicht merken:
50 Stundenmeilen = 80 km/h

Bitte geben sie mir Ihren Namen und Ihre Adresse/Ihre Versicherung an.	**Could you give me *your name and address/your insurance company*, please.** kud_ju 'giv mi_jɔ 'näim_ən_ə'dreß/jər_in'schuərənß kampəni, plihs.
Hier ist *mein Name und meine Adresse/meine Versicherung*.	**Here's *my name and address/my insurance company*.** 'hiəs mai 'näim_ən_ə'dreß/mai_in'schuərənß kampəni.
Können Sie eine Zeugenaussage machen?	**Would you act as my witness?** wud_ju_'äkt_əs mai 'witnəß?
Vielen Dank für Ihre Hilfe.	**Thank you very much for your help.** 'θänk_ju 'veri 'matsch fə jɔ 'help.

? **Could I see your driving licence (and insurance), please?** kud_ai 'ßih jɔ 'draiving laißənß_(ənd_in'schuərənß), plihs?   Ihre Papiere bitte.

Hilf dir selbst ...

Können Sie mir bitte ... leihen?	**Could you lend me ..., please?** kud ju 'lend mi ..., plihs?
Fahrradflickzeug	**a bicycle repair kit** ə 'baißikl ri'peə kit

einen Kreuzschlüssel	**a wheel brace**	ə 'wihl bräiß
eine Luftpumpe	**a pump**	ə 'pamp
eine Schraube (Größe)	**a (...) screw**	ə (...) ßkruh
eine Schraubenmutter (Größe)	**a (...) nut**	ə (...) nat
einen Schraubenschlüssel (Größe)	**a (...) spanner**	ə (...) 'ßpännə
einen Schraubenzieher	**a screwdriver**	ə 'ßkruhdraivə
einen Steckschlüssel (Größe)	**a (...) wrench**	ə (...) rentsch
einen Trichter	**a funnel**	ə 'fanl
einen Wagenheber	**a jack**	ə 'dschäk
Werkzeug	**a toolkit**	ə 'tuhlkit
eine Zange	**a pair of pliers**	ə 'peər_əv 'plaiəs

In der Werkstatt

Wo ist die nächste (Vertrags-)Werkstatt?	**Where's the nearest (BMW** *usw.***) garage?** 'weəs ðə 'niərəßt (biem'dabljuh *usw.*) 'gärahsch?
Mein Wagen steht (an der Straße nach) ...	**My car's (on the road to) ...** mai 'kahs_(ɔn ðə roud tə) ...
Können Sie ihn abschleppen?	**Can you tow it away?** kən ju 'tou_it_ə'wäi?

3

Können Sie mal nachsehen?	**Could you have a look at it?** kud_ju 'häv_ə 'luk_ət_it?
… ist kaputt.	**… is broken.** … is 'broukən.
Mein Auto springt nicht an.	**My car won't start.** mai 'kah wount 'ßtaht.
Die Batterie ist leer.	**The battery's flat.** ðə 'bätəris flät.
Der Motor *klingt merkwürdig/zieht nicht.*	**The engine** *sounds funny/hasn't got any power.* ði_'endschin *ßaunds 'fani/häsnt 'got_eni 'pauə.*
Machen Sie bitte nur die nötigsten Reparaturen.	**Just do the essential repairs, please.** 'dschaßt du ði_i'ßenschl ri'peəs, plihs.
Kann ich damit noch fahren?	**Can I still drive it?** kən_ai 'ßtil 'draiv_it?
Wann ist es fertig?	**When will it be ready?** 'wen wil_it bi 'redi?
Nehmen Sie Schecks vom …-Schutzbrief?	**Do you accept coupons from the … accident and breakdown cover?** də ju ək'ßept 'kuhpons frəm ðə … 'äkßidənt_ən 'bräikdaun kavə?

➡ *Tanken und Service (S. 75)*

Auto ...

Abblendlicht	**dipped headlights** *pl.* dipt 'hedlaitß
abschleppen	**to tow away** tə tou_ə'wäi
Abschleppseil	**tow rope** 'tou roup
Abschleppwagen	**breakdown van/lorry** 'bräikdaun vän/'lori
Achse	**axle** 'äkßl
Anlasser	**starter** 'ßtahtə
Auffahrunfall	**shunt (accident)** 'schant_(äkßidənt)
Auspuff	**exhaust** ig'ßɔßt
Außenspiegel	**wing mirror** 'wing 'mirə
auswechseln	**to change, to replace** tə tschäindsch, tə ri'pläiß
Auto	**car** kah
Autobahn	**motorway** 'moutəwäi
-auffahrt	**slip road** 'ßlip roud
-ausfahrt	**motorway exit** 'moutəwäi_'exit
-kreuz	**motorway intersection** 'moutəwäi_intə'ßekschn
Automatik	**automatic (transmission)** ɔtə'mätik (tränß'mischn)
Autonummer	**registration number** redschiß'träischn nambə
Autoschlüssel	**car key** 'kah kih
Batterie	**battery** 'bätəri
Benzin	**petrol** 'petrəl
Blechschaden	**bodywork damage, bump** 'bɔdiwök 'dämidsch, bamp
bleifrei	**unleaded** an'ledid

3

Blinklicht	**flashing lights** *pl.*	'fläsching laitß
Bremse	**brake(s** *pl.*)	bräik(ß)
Bremsflüssigkeit	**brake fluid**	'bräik fluid
Bremslicht	**brake light**	'bräik lait
Bremspedal	**brake pedal**	'bräik pedl
Bundesstraße	**major road**	'mäidschə 'roud
Dichtung	**gasket**	'gäßkit
Ersatzreifen	**spare tyre**	ßpeə 'taiə
Ersatzteil	**spare (part)**	ßpeə ('paht)
fahren	**to drive;** (*Fahrrad*) **to ride**	tə draiv, tə raid
Fahrrad	**bicycle**	'baißikl
Fernlicht	**full beam**	'ful 'bihm
mit - fahren	**to drive on full beam**	tə 'draiv_ɔn 'ful 'bihm
fertig	**ready**	'redi
Feuerlöscher	**fire extinguisher**	'faiər_ikßtingwischə
Frostschutzmittel	**antifreeze**	'äntifrihs
Führerschein	**driving licence**	'draiving laißənß
Gang	**gear**	giə
den 3. - einlegen	**to move into 3rd gear**	tə 'muhv_intə 'θöd 'giə
Gas geben	**to put one's foot down**	tə 'put wans 'fut daun
Gaspedal	**accelerator**	ək'ßeləräitə
Geländewagen	**four-wheel drive, off-roader**	'fowihl 'draiv, 'ɔfroudə
Getriebe	**gears** *pl.*, **gearbox; transmission**	giəs, 'giəbɔks; träns'mischn

82

Getriebeöl	**transmission oil** träns'mischn_oil
Handbremse	**hand brake** 'händ bräik
Heizung	**heating** 'hihting
Helm	**helmet** 'helmət
Hupe	**horn** hɔn
hupen	**to sound the horn** tə saund ðə 'hɔn
kaputt	**broken** 'broukən
Katalysator	**catalytic converter, catalyst** kätə'litik kən'vötə, 'kätəlißt
Keilriemen	**fanbelt** 'fänbelt
Kfz-Schein	**vehicle registration document** 'viikl redschiß'träischn 'dɔkjumənt
Kilometer	**kilometre** 'kiləmihtə, ki'lɔmitə
Kindersitz	**child seat** 'tschaild ßiht
Kleinbus	**minibus** 'minibaß
Kotflügel	**mudguard, wing** 'madgahd, wing
Kühler	**radiator** 'räidiäitə
Kühlwasser	**coolant** 'kuhlənt
Kupplung	**clutch** klatsch
Kurve	**bend, corner** bend, 'kɔnə
Lack	**paintwork** 'päintwök
Landstraße	**country road** kantri 'roud
Leerlauf: im -	**in neutral, idling** in 'njuhtrəl, 'aidling
Lenkung	**steering** 'ßtiəring
Lichtmaschine	**dynamo** 'dainəmou
mieten	**to hire** tə 'haiə
Motor	**engine** 'endschin
-haube	**bonnet** 'bɔnət

-öl	**engine oil**	'endschin_oil
Motorrad	**motorbike**	'moutəbaik
nachsehen	**to have a look**	tə häv_ə 'luk
Ölwechsel	**oil change**	'oil tschäindsch
Papiere	**documents, papers**	'dɔkjuməntß, 'päipəs
parken	**to park;**	tə pahk
Parkplatz	**car park;** *(einzelner)* **parking space**	'kah pahk; 'pahking späiß
Parkscheibe	**parking disc**	'pahking dißk
Parkscheinautomat	**(car park) ticket dispenser**	('kah pahk) 'tikət dißpenßə
Parkuhr	**parking meter**	'pahking mihtə
Parkverbot: hier ist -	**there's no parking here**	ðəs nou 'pahking hiə
Rad	**wheel**	wihl
-kappe	**hubcap**	'habkäp
Raststätte	**motorway service area;** *(Schild)* **Services**	'moutəwäi 'ßöwiß_eəriə; 'ßöwißis
Reifen	**tyre**	'taiə
-druck	**tyre pressure**	'taiə preschə
-panne	**flat tyre**	'flät taiə
Reparatur	**repair**	ri'peə
reparieren	**to repair**	tə ri'peə
Reservekanister	**spare petrol can**	ßpeə 'petrəl kän
Reservereifen	**spare tyre**	ßpeə 'taiə
Rückspiegel	**rear-view mirror**	'riəvjuh 'mirə
Rückwärtsgang	**reverse (gear)**	ri'vöß ('giə)
Schaltknüppel	**gearstick, gear lever**	'giəßtik, 'giə lihvə
Scheibenwaschanlage	**windscreen washer**	'windßkrihn wɔschə

Scheibenwischer	**windscreen wipers**	'windßkrihn waipəs
Scheibenwischer-blätter	**wiper blades**	'waipə bläids
Scheinwerfer	**headlights, headlamps**	'hedlaitß, 'hedlämpß
Schiebedach	**sunroof**	'ßanruhf
Schlauch	**(inner) tube**	('inə) 'tjuhb
Schlusslicht	**tail light**	'täil lait
Schnellstraße	**dual carriageway**	'djuəl 'käridschwäi
Schutzbrief	**accident and breakdown cover**	'äkßidənt_ən 'bräikdaun kavə
Sicherheitsgurt	**seatbelt**	'ßihtbelt
Sicherung	**fuse**	fjuhs
Spiegel	**mirror**	'mirə
Standlicht	**parking light**	'pahking lait
Standspur	**hard shoulder**	'hahd 'schouldə
Starter	**starter**	'ßtaht
Starthilfekabel	**jump leads** *pl.*	'dschamp lihds
Stoßdämpfer	**shock absorber**	'schɔk_əbsɔbə
Stoßstange	**bumper**	'bampə
Tachometer	**speedometer**	ßpi'dɔmitə
tanken	**to tank up, to get some petrol**	tə tänk_'ap, tə 'get ßəm 'petrəl
Tankstelle	**petrol station**	'petrəl ßtäischn
Unfall	**accident**	'äkßidənt
Ventil	**valve**	välv
Verbandskasten	**first-aid kit**	fößt_'äid kit
Vergaser	**carburettor**	kahbə'retə
verletzt	**hurt**	höt

3

85

Versicherung	**insurance** in'schuərənß
Versicherungskarte, grüne	**green card** 'grihn 'kahd
Vorfahrt	**right of way** 'rait_əv 'wäi
Warndreieck	**warning triangle** 'wɔning 'traiəngl
Wasser	**water** 'wɔtə
destilliertes -	**top-up water** 'tɔpap 'wɔtə
Werkstatt	**garage** 'gärahsch
Wohnmobil	**motor caravan, camper van** 'moutə 'kärəvän, 'kämpə vän
Zeuge	**witness** 'witnəß
Zündkabel	**ignition cable** ig'nischn käibl
Zündkerze	**spark plug** 'ßpahk plag
Zündung	**ignition** ig'nischn
Zusammenstoß	**collision, crash, accident** kə'lischn, kräsch, 'äkßidənt

BUS, BAHN, TAXI

Mit Bus und Bahn

INFO Busfahrkarten werden im Bus (meistens beim Fahrer) gekauft.

U-Bahnkarten bekommt man in der U-Bahn-Station am Schalter bzw. vom Automaten. Die U-Bahnkarte steckt man an der Schranke in den dafür vorgesehenen Schlitz, wonach sich die Schranke automatisch öffnet. Nach Beendigung der Fahrt werden Einzel- und Rückfahrkarten von der Schranke „verschluckt" bzw. von einem Kontrolleur entgegengenommen. Nur Tageskarten u. dgl. bekommen Sie zur Weiterbenutzung wieder.

Wo ist die nächste U-Bahn-Station?	**Where's the nearest underground station?** 'weəs ðə niərəßt_'andəgraund ßtäischn?
Wo hält der Bus nach …?	**Where does the bus to … stop?** 'weə dəs ðə 'baß tə … ßtɔp?
Welcher Bus/Welche Bahn fährt nach …?	**Which *bus/underground* goes to …?** witsch *'baß/'andəgraund* gous tə …?
Wann fährt *der nächste Bus/die nächste Bahn* nach …?	**When is the next *bus/underground* to …?** 'wen_is ðə 'next *baß/ _'andəgraund* tə …?
Wann fährt *der letzte Bus/die letzte Bahn* zurück?	**When does the last *bus/underground* leave?** 'wen dəs ðə 'lahßt *'baß/ _'andəgraund* lihv?
Fährt *dieser Bus/ diese Bahn* nach …?	**Does this *bus/underground* go to …?** das 'ðiß *baß/'andəgraund* gou tə …?
Muss ich nach … umsteigen?	**Do I have to change for …?** du_ai 'häv tə 'tschäindsch fə …?
Sagen Sie mir bitte, wo ich *aussteigen/ umsteigen* muss.	**Could you tell me where I have to *get off/change*, please?** kud_ju 'tel mi weər_ai häv tə *get_'ɔf/'tschäindsch*, plihs?
Wo gibt es die Fahrscheine?	**Where does one get the tickets?** 'weə dəs wan get ðə 'tikətß?
Gibt es … Tageskarten?	**Are there …** 'ah ðə … **day tickets?** 'däi tikətß?

3

Mehrfahrtenkarten?	**multiple-ride tickets?** 'maltipl'raid tikətß?
Wochenkarten?	**weekly tickets?** 'wihkli tikətß?
Bitte einen Fahrschein nach …	**A ticket to …, please.** ə 'tikət tə …, plihs.

Hallo, Taxi!

Wo bekomme ich ein Taxi?	**Where can I get a *taxi/cab*?** 'weə kən_ai get_ə 'täxi/'käb?
Könnten Sie für mich für … Uhr ein Taxi bestellen?	**Could you order a taxi for me for …?** kud_ju_'ɔdər_ə 'täxi fɔ mi fə …?
Bitte …	**Can you take me …, please?** kən_ju 'täik mi …, plihs?
zum Bahnhof!	**to the station** tə ðə 'ßtäischn
zum Flughafen!	**to the airport** tə ði_'eəpot
zum Hotel …!	**to the … Hotel** tə ðə … hou'tel
in die Innenstadt!	**to the *city/town* centre** tə ðə 'ßiti/'taun 'ßentə
in die … Straße!	**to … *Street/Road*** tə … ßtriht/roud
Wie viel kostet es nach …?	**How much is it to …?** 'hau matsch_'is_it tə …?
Bitte schalten Sie den Taxameter *ein/auf Null.*	**Could you *switch on/reset* the meter, please?** kud_ju 'ßwitsch_ɔn/'rihßet ðə 'mihtə, plihs?

88

Warten/Halten Sie hier bitte (einen Augenblick)!	**Could you *wait/stop* here (for a moment), please?**	kud_ju *'wäit/'ßtɔp* 'hiə (fər_ə 'moumənt), plihs?
Stimmt so!	**Keep the change!**	'kihp ðə 'tschäindsch!

INFO In Großbritannien ist es üblich, vor dem Einsteigen in das Taxi das Fahrtziel zu nennen, denn nicht jeder Taxifahrer ist bereit, längere Fahrten zu unternehmen. Es ist relativ unüblich, für eine Taxifahrt Quittungen auszustellen.

Bus, Bahn, Taxi

aussteigen	**to get off**	tə get_'ɔf
Bus	**bus**	baß
-bahnhof	***bus/coach* station**	'baß/'koutsch_ßtäischn
-haltestelle	**bus stop**	'baß_ßtɔp
einsteigen	**to get on**	tə get_'ɔn
Endstation	**terminus**	'töminəß
Fahrer	**driver**	'draivə
Fahrkarte	**ticket**	'tikət
Fahrkartenautomat	**ticket machine**	'tikət məschihn
Fahrplan	**timetable**	'taimtäibl
Fahrpreis	**fare**	feə
halten	**to stop**	tə ßtɔp
Quittung	**receipt**	ri'ßiht
Richtung	**direction**	di'rekschn
Schaffner	**conductor**	kən'daktə
Stadtzentrum	***city/town* centre**	'ßiti/'taun 'ßentə
Tageskarte	**day ticket**	'däi tikət

Taxi	**taxi, cab** 'täxi, käb
-stand	**taxi** *stand/rank* 'täxi ßtänd/ränk
U-Bahn	**underground; (***in London auch***) the Tube** 'andəgraund; ðə 'tjuhb
umsteigen	**to change** tə 'tschäindsch
Wochenkarte	**weekly ticket** 'wihkli 'tikət

INFO In Großbritannien kann man sich bei den städtischen Omnibussen und U-Bahnen nur begrenzt nach dem Fahrplan richten. Wundern Sie sich also nicht über die weitverbreitete Unpünktlichkeit!

PER ANHALTER

Ich möchte nach …	**I'm on my way to …** aim_'on mai 'wäi tə …
Wohin fahren Sie?	**Where are you going?** 'weər_ə ju 'gouing?
Können Sie mich (ein Stück) mitnehmen?	**Could you give me a lift (for part of the way)?** kud_ju 'giv mi_ə 'lift (fə 'paht_əv ðə 'wäi)?
? **Where do you want to get out?** 'weə du ju_wont tə get_'aut?	Wo wollen Sie aussteigen?
Bitte lassen Sie mich hier aussteigen.	**Could you let me out here, please?** kud_ju 'let mi_aut 'hiə, plihs?
Vielen Dank fürs Mitnehmen.	**Thanks for the lift.** 'θänkß fə ðə 'lift.

Essen und Trinken

MENU SPEISEKARTE

Soups Suppen

asparagus soup	əˈßpärəgəß ˈßuhp	Spargelsuppe
beef tea	bihfˈtih	Kraftbrühe
bouillon	ˈbuhjɔn	Fleischbrühe
chicken broth	ˈtschikn ˈbrɔθ	Hühnerbrühe/-suppe
chowder	ˈtschaudə	Meeresfrüchtesuppe
clam chowder	ˈkläm ˈtschaudə	Muschelsuppe
clear soup	kliə ˈßuhp	Fleischbrühe
cock-a-leekie	ˈkɔkəˈlihki	Lauchsuppe mit Huhn
consommé	kɔnˈßɔmäi	klare Brühe
cream of ... soup	krihm _əv... ˈßuhp	...cremesuppe
lentil soup	ˈlentl ˈßuhp	Linsensuppe
lobster bisque	ˈlɔbßtə ˈbißk	Hummersuppe
mulligatawny	maligəˈtɔni	Currysuppe
mushroom soup	ˈmaschruhm ˈßuhp	Champignoncremesuppe
onion soup	ˈanjən ˈßuhp	Zwiebelsuppe
oxtail soup	ˈɔxtäil ˈßuhp	Ochsenschwanzsuppe
poacher's soup	ˈpoutschəs ˈßuhp	Wildsuppe
pea soup	ˈpih ˈßuhp	Erbsensuppe
Scotch broth	ˈßkɔtsch ˈbrɔθ	*Gemüsesuppe mit Hammelfleisch und Gerstengraupen*
seafood soup	ˈßihfuhd ˈßuhp	Meeresfrüchtesuppe
tomato soup	təˈmahtou ˈßuhp	Tomatensuppe

vegetable soup	'vedschtəbl 'ßuhp	Gemüsesuppe

Starters, hors-d'œuvres Vorspeisen

anchovies 'äntschəvis		Sardellen
artichoke hearts 'ahtitschouk 'hahtß		Artischockenherzen
avocado with prawns ävə'kahdou wið 'prɔns		Avocado mit Shrimps
crudités 'kruhditei		Rohkost
garlic bread 'gahlik 'bred		Knoblauchbrot
ham häm		Schinken
boiled - 'boild 'häm		gekochter -
raw - 'rɔ 'häm		roher -
smoked - 'ßmoukt 'häm		geräucherter -
jellied eel 'dschelid_'ihl		Aal in Aspik
melon 'melən		Melone
olives 'ɔlivs		Oliven
omelette 'ɔmlət		Omelett
- **Arnold Bennett** 'ɔmlət_'ahnəld 'benit		*Omelett mit Schellfisch und geriebenem Käse, überbacken*
cheese - 'tschihs_'ɔmlət		Käseomelett
Spanish - 'ßpänisch_'ɔmlət		*Omelett mit Paprika, Tomaten und Zwiebeln*
oysters 'oißtəs		Austern
prawn cocktail 'prɔn 'kɔktäil		Krabbencocktail
salad 'ßäləd		Salat
mixed - 'mixt 'ßäləd		gemischter Salat
tomato - tə'mahtou 'ßäləd		Tomatensalat

shrimps schrimpß	Garnelen
smoked eel 'ßmoukt_'ihl	Räucheraal
smoked salmon 'ßmoukt 'ßämən	Räucherlachs
vol-au-vent 'vɔlou'vah	Königinpastete

Meat dishes *Fleischgerichte*

bacon 'bäikən	(Frühstücks)Speck
beef bihf	Rindfleisch
beefburger 'bihfbögə	Frikadelle
beef olives 'bihf_'ɔlivs	Rindsrouladen
boar bɔ	Wildschwein
braised beef 'bräisd 'bihf	Rinderschmorbraten
brisket of beef 'brißkət_əv 'bihf	gerollte Rinderbrust
chop tschɔp	Kotelett
Cornish pasty 'kɔnisch 'päßti	*Teigtasche mit Rindfleisch, Kartoffeln und Zwiebeln*
cottage pie 'kɔtidsch 'pai	*gewürfeltes Fleisch in Soße, mit Kartoffelbrei bedeckt und gebacken*
cutlet 'katlət	Kotelett
escalope 'eßkəlɔp	dünnes Kalbsschnitzel
filet of beef 'filət_əv 'bihf	Rinderfilet
game gäim	Wild
game pie 'gäim 'pai	Wildpastete
gammon 'gämən	*leicht geräucherter Vorderschinken*
ham and eggs 'häm_ən_'egs	Spiegeleier mit Schinkenspeck
hare heə	Hase

heart 'haht	Herz	
hotpot 'hɔtpɔt	*Fleischeintopf mit Kartoffeln*	
Irish stew 'airisch_'ßtjuh	*Hammelfleischeintopf mit Kartoffeln und Zwiebeln*	
kidneys 'kidnis	Nieren	
lamb läm	Lammfleisch	
leg of lamb 'leg_əv 'läm	Lammkeule	
liver 'livə	Leber	
loin loin	Lende	
meatballs 'mihtbɔls	Fleischklößchen	
mince, minced meat minß, 'minßt miht	Hackfleisch	
mixed grill 'mikßt 'gril	gemischte Grillplatte	
mutton 'matn	Hammelfleisch	
pork pɔk	Schweinefleisch	
pork loin 'pɔk 'loin	Schweinelende	
pork pie 'pɔk 'pai	Schweinefleischpastete	
Porterhouse steak 'pɔtəhauß_'ßtäik	*dickes Rindersteak von der Rippe*	
pot roast 'pɔt roußt	Schmorbraten	
rabbit 'räbit	Kaninchen	
rissole 'rißoul	Frikadelle	
roast beef 'roußt 'bihf	Rinderbraten	
roast pork 'roußt 'pɔk	Schweinebraten	
saddle of lamb 'ßädl_əv 'läm	Lammrücken	
sausages 'ßɔßidschis	Würstchen	
shepherd's pie 'schepəds 'pai	*Auflauf aus Hackfleisch und Kartoffelbrei*	
sirloin 'ßöloin	Rinderlende	

4

steak and kidney pie 'ßtäik_ən 'kidni 'pai	*Rindersteak und -nieren, gewürfelt, in Rindertalgteig gebacken*
steak au poivre 'ßtäik ou 'pwahvrə	Pfeffersteak
steak tartare 'ßtäik tah'tah	Tatar
stew ßtjuh	Fleischeintopf
sucking pig 'ßaking pig	Spanferkel
sweetbread(s) 'ßwihtbred(s)	Bries
tenderloin 'tendəloin	zartes Lendenstück
tongue tang	Zunge
tournedos 'tuənədous	Rinderfiletmedaillons
tripe traip	Kutteln
veal vihl	Kalbfleisch
venison 'venißən	Reh

Poultry *Geflügel*

chicken 'tschikən	Huhn, Hähnchen
chicken breasts 'tschikən breßtß	Hühnerbrust
chicken leg 'tschikən leg	Hühnerkeule
chicken livers 'tschikən 'livəs	Hühnerleber
chicken wings 'tschikən wings	Hühnerflügel
duck dak	Ente
duckling 'dakling	junge Ente
fowl faul	Geflügel
giblets 'dschiblətß	Hühnerklein
goose guhß	Gans
grouse grauß	Moorhuhn

guinea fowl 'gini faul		Perlhuhn
partridge 'pahtridsch		Rebhuhn
pheasant 'fesnt		Fasan
pigeon 'pidschən		Taube
poultry 'poultri		Geflügel
poussin 'puhßän		Küken
quail kwäil		Wachtel
roast chicken 'roußt 'tschikən		Brathähnchen
roast duck 'roußt 'dak		Entenbraten
turkey 'töki		Pute, Truthahn

Fish Fisch

anchovies 'antschəvis		Sardellen
bass bäß		Seebarsch
carp kahp		Karpfen
cod kɔd		Kabeljau
Dover sole 'douvə 'ßoul		Seezunge
eel ihl		Aal
fishcake 'fischkäik		Fischfrikadelle
fish fingers 'fisch 'fingəs		Fischstäbchen
fresh-water fish 'freschwɔtə 'fisch		Süßwasserfisch
haddock 'hädək		Schellfisch
halibut 'hälibət		Heilbutt
herring 'hering		Hering
kipper 'kipə		Bückling
mackerel 'mäkərəl		Makrele
mullet 'malit		Barbe
perch pötsch		Barsch

pike paik	Hecht
plaice plaiß	Scholle
rainbow trout 'räinbou 'traut	Regenbogenforelle
rock salmon 'rɔk 'ßämən	Dorsch
salmon 'ßämən	Lachs
salt-water fish 'ßɔltwɔtə 'fisch	Seefisch
sardines ßah'dihns	Sardinen
skate ßkäit	Rochen
sole ßoul	Seezunge
sturgeon 'ßtödschən	Stör
trout traut	Forelle
tuna 'tjuhnə	Thunfisch
turbot 'töbət	Steinbutt

INFO Die traditionellen „fish and chips" sind kein Armeleuteessen, sondern werden auch von Gourmets geschätzt. Sie sollten sie auch mal probieren, entweder in einem guten Fischrestaurant oder als „takeaway" – zum Mitnehmen – von einem der vielen „fish and chip shops". Dazu schmeckt „malt vinegar" (Malzessig) ausgezeichnet!

Seafood   Andere Meeresfrüchte

calamari kälə'mahri	gebratene Tintenfischringe
clam kläm	Venusmuschel
crab 'kräifisch	Krabbe, Krebs
crayfish kräb	Flusskrebs
(king) prawns ('king) 'prɔns	(Riesen)garnelen
lobster 'lɔbßtə	Hummer
mussels 'maßls	Muscheln
oysters 'oißtəs	Austern

scallops 'ßkɔləpß	Jakobsmuscheln
seafood 'ßihfuhd	Meeresfrüchte
shellfish 'schelfisch	Schalentiere
shrimps schrimpß	Garnelen
spiny lobster 'ßpaini 'lɔbßtə	Languste
squid ßkwid	Tintenfisch

Extras *Beilagen*

baked potato 'bäikt pə'täitou	gebackene Kartoffel
boiled potatoes 'boild pə'täitous	Salzkartoffeln
boiled rice 'boild 'raiß	gekochter Reis
brown rice 'braun 'raiß	Naturreis
chips tschipß	Pommes frites
dumplings 'damplings	Knödel
French fried potatoes 'frentsch fraid pə'täitous	Pommes frites
fried potatoes 'fraid pə'täitous	Bratkartoffeln
jacket potato 'dschäkit pə'täitou	gebackene Pellkartoffel
mashed potatoes 'mäscht pə'täitous	Kartoffelpüree
potato salad pə'täitou 'ßäləd	Kartoffelsalat
wild rice 'waild 'raiß	wilder Reis

Vegetables *Gemüse und Salat*

asparagus ə'ßpärəgəß	Spargel
baked beans 'bäikt 'bihns	*gekochte Bohnen in Tomatensoße*

bamboo shoots bäm'buh 'schuhtß		Bambussprossen
beans bihns		Bohnen
bean sprouts 'bihn ßprautß		Sojasprossen
beetroot 'bihtruht		rote Bete
broad beans 'brɔd 'bihns		dicke Bohnen
Brussels sprouts 'braßəls_'ßprautß		Rosenkohl
butter beans 'batə 'bihns		weiße Bohnen
cabbage 'käbidsch		Kohl
cauliflower 'kɔliflauə		Blumenkohl
celeriac ßə'leriäk		Knollensellerie
celery 'ßeləri		Sellerie
chickpeas 'tschikpihs		Kichererbsen
chicory 'tschikəri		Chicoree
chillis 'tschilis		Peperoni
coleslaw 'koulßlɔ		Krautsalat
corn on the cob 'kɔn_ɔn ðə 'kɔb		Maiskolben
courgettes kuə'schet		Zucchini
cucumber 'kjuhkambə		Gurke
eggplant 'egplahnt		Aubergine
endive 'endaiv, 'endiv		Endivie
fennel 'fenl		Fenchel
French beans 'frentsch 'bihns		grüne Bohnen
iceberg lettuce 'aißbög 'letiß		Eissalat
kale käil		Grünkohl
kidney beans 'kidni bihns		rote Bohnen
lentils 'lentls		Linsen

lettuce 'letiß	Kopfsalat
morels 'morəls	Morcheln
mushrooms 'maschrums	Pilze
onion 'anjən	Zwiebel
peas pihs	Erbsen
peppers 'pepəs	Paprikaschoten
pumpkin 'pampkin	Kürbis
radish 'rädisch	Radieschen
red cabbage 'red 'käbidsch	Rotkohl
runner beans 'ranə 'bihns	Stangenbohnen
shallot schə'lot	Schalotte
sorrel 'ßorəl	Sauerampfer
soya beans 'ßoiə bihns	Sojabohnen
spinach 'ßpinidsch	Spinat
spring onions 'ßpring_'anjəns	Frühlingszwiebeln
squash ßkwosch	Kürbis
stuffed peppers 'ßtaft 'pepəs	gefüllte Paprikaschoten
sweetcorn 'ßwihtkon	Mais
tomatoes tə'mahtous	Tomaten
turnip 'töhnip	Rübe
watercress 'wotəkreß	(Brunnen)Kresse

Herbs and Spices — Kräuter und Gewürze

basil 'bäsl	Basilikum
bay leaf 'bäi lihf	Lorbeerblatt
capers 'käipəs	Kapern
caraway seed 'kärəwäi ßihd	Kümmel
chives tschaivs	Schnittlauch
cinnamon 'ßinəmən	Zimt

cloves klouvs	Nelken
garlic 'gahlik	Knoblauch
ginger 'dschindschə	Ingwer
horse radish 'hoß rädisch	Meerrettich
mint mint	Minze
mustard 'maßtəd	Senf
nutmeg 'natmeg	Muskat
parsley 'pahßli	Petersilie
pepper 'pepə	Pfeffer
rosemary 'rousməri	Rosmarin
saffron 'ßäfrən	Safran
salt ßolt	Salz
tarragon 'tärəgən	Estragon
thyme taim	Thymian

Pizzas *Pizzas*

cheese and tomato 'tschihs_ən tə'mahtou	Käse und Tomate
ham and mushroom 'häm_ən 'maschrum	Schinken und Champignons

Ways of Cooking *Zubereitungsarten*

baked bäikt	gebacken
barbecued 'bahbikjuhd	gegrillt
boiled boild	gekocht
braised bräisd	geschmort
deep-fried 'dihpfraid	frittiert
fried fraid	(in der Pfanne) gebraten

grilled grild	gegrillt	
marinated 'märinäitid	eingelegt, mariniert	
pickled 'pikld	in Essig eingelegt, gepökelt	
salted 'sɔhltid	gepökelt	
smoked ßmoukt	geräuchert	
steamed ßtihmd	gedämpft, gedünstet	

Cheese Käse

blue cheese 'bluh 'tschies	Blauschimmelkäse
Caerphilly keə'fili	*weißer, krümeliger Käse aus Wales*
cheeseboard 'tschihsbɔd	Käseplatte
cottage cheese 'kɔtidsch 'tschihs	Hüttenkäse
cream cheese 'krihm 'tschihs	Frischkäse
double Gloucester 'dabl 'glɔßtə	*voller, scharfer englischer Käse*
Gloucester cheese 'glɔßtə 'tschihs	*milder englischer Käse*
goat's cheese 'goutß tschihs	Ziegenkäse
mature mə'tschuə	reif, würzig
mild maild	mild
sheep's cheese 'schihpß tschihs	Schafskäse
Stilton 'ßtiltən	englischer Blauschimmelkäse
strong ßtrɔng	würzig

Desserts/Sweets and Cakes Nachspeisen und Kuchen

apple crumble 'äpl 'krambl	*Apfeldessert mit Streuseln*
apple pie 'äpl 'pai	(gedeckter) Apfelkuchen

baked apple	'bäikt_'äpl	Bratapfel
blancmange	blə'monsch	Pudding
cheese cake	'tschihs käik	Käsekuchen (mit Obst)
chocolate mousse	'tschoklət 'muhß	Schokoladencreme
chocolate sauce	'tschoklət 'ßoß	Schokoladensauce
clotted cream	'klotid 'krihm	Dickrahm
cream	'krihm	(Schlag)Sahne
crumpet	'krampit	*getoastetes Hefegebäck, mit Butter bestrichen*
custard	'kaßtəd	Vanillesoße
Danish pastry	'däinisch 'päißtri	Plunderstück
doughnut	'dounat	Krapfen
Eccles cake	'ekls käik	*Blätterteigkuchen mit Rosinen gefüllt*
éclair	i'kleə	Liebesknochen
fruit salad	'fruht 'ßäləd	Obstsalat
ice cream	'aiß_'krihm	Eis
chocolate - -	'tschoklət_'aiß_'krihm	Schokoladeneis
strawberry - -	'ßtrobri_'aiß_'krihm	Erdbeereis
vanilla - -	və'nilə 'aiß_'krihm	Vanilleeis
macaroon	mäkə'ruhn	Makrone
meringue	mə'räng	Baiser
muffin	'mafin	*Hefeteigbrötchen, heiß mit Butter gegessen*

pancake 'pänkäik	Pfannkuchen
rice pudding 'raiß 'puding	Reisbrei
scone ßkɔn	*kleiner, runder Kuchen, mit Butter bzw. Dickrahm und Marmelade gegessen*
summer pudding 'ßamə 'puding	*etwa:* rote Grütze
sundae 'ßandäi	Eisbecher
syllabub 'ßiləbab	Weincreme
trifle 'traifl	Trifle (Biskuitboden in Sherry getränkt, mit Früchten, Vanillesoße und Sahne bedeckt)

Fruits and Nuts Obst und Nüsse

almonds 'ahmənds	Mandeln
apple 'äpl	Apfel
apricots 'äiprikɔtß	Aprikosen
banana bə'nahnə	Banane
blackberries 'bläkbəris	Brombeeren
blackcurrants 'bläk'karəntß	schwarze Johannisbeeren
blueberries 'bluhbəris	Heidelbeeren
Brazil nuts brə'ßil 'natß	Paranüsse
cherries 'tscheris	Kirschen
coconut 'koukounat	Kokosnuss
cranberries 'kränbəris	Preiselbeeren
currants 'karəntß	Korinthen
dates däitß	Datteln
dried fruit 'draid 'fruht	Dörrobst

figs figs		Feigen
fruit fruht		Obst
gooseberries 'guhsbəris		Stachelbeeren
grapes gräipß		Weintrauben
hazelnuts 'häislnatß		Haselnüsse
kiwifruit 'kihwihfruht		Kiwi
lemon 'lemən		Zitrone
lime laim		Limone
mandarine 'mändərin		Mandarine
melon 'melən		Melone
morello cherries mə'relou 'tscheris		Sauerkirschen
nuts natß		Nüsse
orange 'ɔrəndsch		Orange
peach pihtsch		Pfirsich
peanuts 'pihnatß		Erdnüsse
pear peə		Birne
pineapple 'painäpl		Ananas
pistachios pi'ßtäschious		Pistazien
plum plam		Pflaume
prune pruhn		Backpflaume
quince kwinß		Quitte
raisins 'räisns		Rosinen
raspberries 'rahsbəris		Himbeeren
redcurrants 'red'karəntß		rote Johannisbeeren
rhubarb 'ruhbahb		Rhabarber
strawberries 'ßtrɔbəris		Erdbeeren
tangerine tändschə'rihn		Mandarine
walnuts 'wɔlnatß		Walnüsse

BEVERAGES GETRÄNKEKARTE

Wine, Champagne   Wein, Sekt

Burgundy 'bögəndi	Burgunder
champagne schäm'päin	Champagner, Sekt
claret 'klärət	roter Bordeaux
dessert wine di'söt wain	Dessertwein
dry drai	trocken
hock hok	Rheinwein
house wine 'hauß wain	Hauswein
medium 'mihdiəm	halbtrocken
port pɔt	Portwein
red wine 'red 'wain	Rotwein
sparkling wine 'ßpahkling wain	Schaumwein, Sekt
sweet ßwiht	lieblich
white wine 'wait 'wain	Weißwein
wine wain	Wein
wine by the glass 'wain bai ðə 'glahß	offener Wein

Beer   Bier

beer biə	Bier
bitter 'bitə	stark gehopftes Bier
draught beer 'drahft biə	Bier vom Fass
lager 'lahgə	helles Bier
low-alcohol beer 'lou‿'älkəhɔl biə	alkoholfreies Bier

pale ale 'päil_'äil helles Flaschenbier
stout ßtaut dunkles Bier

Other alcoholic drinks   Andere alkoholische Getränke

bitters 'bitəs Magenbitter
brandy 'brändi Weinbrand, Cognac
cherry brandy 'tscheri 'brändi Kirschlikör
cider 'ßaidə Apfelwein
gin and tonic 'dschin_ən 'tonic Gin-Tonic
liqueur li'kjuə Likör
rum ram Rum
whisky, Scotch 'wißki, ßkɔtsch Whisky
whisky/Scotch **on the rocks** Whisky mit Eis
wißki/'ßkɔtsch_ɔn ðə 'rɔkß

Non-alcoholic drinks   alkoholfreie Getränke

apple juice 'äpl dschuhß Apfelsaft
ginger ale 'dschindschər_'äil Ingwerlimonade
iced coffee 'aißt 'kɔfi Eiskaffee
lemonade ləmə'näid Limonade
milkshake 'milkschäik Milchmixgetränk
mineral water 'minərəl wɔtə Mineralwasser
  sparkling - -   - mit Kohlensäure
  'ßpahkling 'minərəl wɔtə
  still - -   - ohne Kohlensäure
  'ßtil 'minərəl wɔtə
orange juice 'ɔrəndsch Orangensaft
dschuhß

soft drink 'ßɔft 'drink		alkoholfreies Getränk
tap water 'täp 'wɔtə		Leitungswasser
tomato juice tə'mahtou dschuhß		Tomatensaft

Hot drinks Heiße Getränke

coffee 'kɔfi	Kaffee
white - 'wait 'kɔfi	- mit Milch
black - 'bläk 'kɔfi	- ohne Milch
hot chocolate 'hɔt 'kɔfi	heiße Schokolade
tea tih	Tee
- with lemon 'tih wið 'lemən	- mit Zitrone
- with milk 'tih wið 'milk	- mit Milch
herbal - 'höbl 'tih	Kräutertee

INFORMATION

Wo gibt es hier …	**Is there … around here?** 'is ðər_… əraund hiə?
ein Café?	**a café** ə kä'fäi
eine Kneipe?	**a pub** ə 'pab
ein *gutes/preiswertes* Restaurant?	**a** *good/reasonably cheap* **restaurant** ə *'gud/'rihsnəbli 'tschihp* 'reßtərant
ein typisch englisches Restaurant?	**a typical English restaurant** ə 'tipikəl_'inglisch 'reßtərant

4

Einen Tisch für … Personen bitte.	**A table for …, please.** ə 'täibl fə …, plihs.	
Ich möchte einen Tisch für *zwei/sechs* Personen um *acht Uhr/ halb acht* reservieren.	**I'd like to reserve a table for *two/six* for *eight o'clock/half-past seven*.** aid 'laik tə ri'sörv_ə 'täibl fə *'tuh/ßix* fə(r)_ *'äit_ə'klɔk/'hahf pahßt 'ßevən*.	
Wir haben einen Tisch für … Personen reserviert (auf den Namen …)	**We've reserved a table for … (The name is …)** wihv ri'sövd_ə 'täibl fə … (ðə 'näim_is …)	
Ist dieser Platz noch frei?	**Is this seat taken?** is ðiß 'ßiht 'täikən? ➡ Info S. 66	
Haben Sie einen Hochstuhl?	**Do you have a high chair?** də ju 'häv_ə 'hai tscheə?	
Entschuldigung, wo sind hier die Toiletten?	**Excuse me, where are the toilets?** ix'kjuhs mi, 'weər_ə ðə 'toilətß?	
!	**This way.** ðiß wäi.	Hier entlang.

INFO In den meisten britischen Restaurants gibt es besondere Nichtraucherzonen. Man wird dann beim Betreten des Lokals gefragt, ob man im Raucher- oder Nichtraucherbereich sitzen möchte.

HERR OBER!

Die *Karte/Getränkekarte* bitte.	**Could I have the *menu/wine list*, please?** 'kud ai häv ðə 'menjuh/'wain lißt, plihs?
Ich möchte nur eine Kleinigkeit essen.	**I'd just like a snack.** aid 'dschaßt laik_ə 'ßnäk.
Gibt es jetzt noch etwas Warmes zu essen?	**Are you still serving hot meals?** 'ah ju ßtil 'ßöving 'hot 'mihls?
Ich möchte nur etwas trinken.	**I'd just like something to drink.** aid 'dschaßt laik 'ßamθing tə 'drink.

INFO Die Aufmerksamkeit der Kellner lenkt man meistens durch Augenkontakt oder durch ein Handzeichen an sich. Falls nötig, kann man „Excuse me" sagen. Den Kellner mit „Waiter!" bzw. die Kellnerin mit „Waitress!" zu rufen, ist relativ unüblich.
Wenn man in einem Restaurant die Getränkekarte sehen möchte, fragt man nach „the wine list".

? **What would you like to drink?** Was möchten Sie
'wɔt wud_ju laik tə 'drink? trinken?

Ich möchte …	**I'll have …, please.** ail 'häv_…, plihs.
ein Glas *Rotwein/Weißwein*.	**a glass of *red/white* wine** ə 'glahß_əv 'red/'wait 'wain
ein Bier.	**a beer** ə 'biə
eine (halbe) Flasche Hauswein.	**a (half-)bottle of house wine** ə ('hahf) 'botl_əv 'hauß 'wain

4

eine *kleine*/ *große* Flasche Mineralwasser.	**a *small*/*large* bottle of mineral water** ə 'ßmɔl/'lahdsch botl_əv 'minərəl wɔtə
eine Tasse Kaffee.	**a cup of coffee** ə 'kap_əv 'kɔfi

? Sparkling or still?
'ßpahkling ɔ 'ßtil?

Mit oder ohne Kohlensäure?

Haben Sie auch offenen Wein?
Do you sell wine by the glass? də ju ßel 'wain bai ðə 'glahß?

INFO Beachten Sie, dass man in manchen Restaurants und Cafés keine alkoholischen Getränke ohne Essen bestellen kann.

? What would you like to eat?
'wɔt wud ju 'laik tu_'iht?

Was möchten Sie essen?

Ich möchte …	*I'd like/I'll have* … aid 'laik/ail 'häv …
Haben Sie …?	**Do you have …?** də ju 'häv …?
Was empfehlen Sie mir?	**What can you recommend?** 'wɔt kən ju rekə'mend?
Was sind die Spezialitäten aus der Region?	**Do you have any regional specialities?** də ju 'häv_eni 'rihdschnəl ßpeschi'älətis?
Haben Sie … diabetische Kost? Diätkost? vegetarische Gerichte?	**Do you serve …** də ju 'ßöv … **diabetic meals?** daiə'betik mihls? **dietary meals?** 'daiətri mihls? **vegetarian dishes?** vedschə'teəriən dischis?

Haben Sie Kinderteller?	**Do you have children's portions?** də ju häv 'tschildrəns pɔschns?
Ist ... in dem Gericht? Ich darf das nicht essen.	**Does it have ... in it? I'm not allowed to eat any.** 'das_it häv ... 'in_it? aim 'nɔt_ə'laud tu_'iht_eni.

? **What would you like *as a starter/ for dessert*?** 'wɔt wud ju 'laik _əs_ə 'ßtahtə/fə di'söt?

Was nehmen Sie als Vorspeise/Nachtisch?

Danke, ich nehme *keine Vorspeise/ keinen Nachtisch*.	**I won't have a *starter/dessert*, thank you.** ai 'wount häv_ə *'ßtahtə/di'söt*, 'ßänk_ju.

? **What kind of dressing would you like?** 'wɔt kaind_əv 'dreßing wud ju 'laik?

Welche Salatsoße hätten Sie gern?

Könnte ich ... statt ... haben?	**Could I have ... instead of ...?** 'kud_ai häv ... in'ßted əv ...?

? **How would you like your steak?** 'hau wud_ju 'laik jɔ 'ßtäik?

Wie möchten Sie Ihr Steak?

4

Blutig.	**Rare.** reə.
Englisch.	**Medium-rare.** 'mihdjəm 'reə.
Medium.	**Medium.** 'mihdjəm.
Gut durchgebraten.	**Well done.** 'wel 'dan.

113

Bitte bringen Sie mir noch (ein/eine/einen)…	**Could you bring me some more (another) …, please?** 'kud ju 'briŋ mi ßəm 'mɔ (ə'naðə) …, plihs?

INFO Inzwischen hat sich die Qualität und Auswahl von „pub food", also Essen in der Kneipe, wesentlich gebessert. Dort kann man – auch mit Kindern – besonders zu Mittag gut und preiswert essen.

„MECKERECKE"

Das habe ich nicht bestellt. Ich wollte …	*That's not what I ordered. I wanted …* ðätß 'nɔt wɔt_ai 'ɔdəd. ai 'wɔntəd …
Hier *fehlt/fehlen* noch …	*There's/There are no …* ðeəs/ðer_ə 'nou …
Das Essen ist … zu kalt. versalzen.	**The food is …** ðə 'fuhd_is … **cold.** 'kould. **too salty.** 'tuh 'ßɔlti.
Das Essen ist nicht mehr frisch.	**This food is stale.** ðiß 'fuhd_is 'ßtäil.
Das Fleisch ist nicht lang genug gebraten.	**The meat isn't cooked through.** ðə 'miht_isnt 'kukt 'θruh.
Das Fleisch ist zäh.	**The meat's very tough.** ðə 'mihtß 'veri 'taf.
Bitte nehmen Sie es zurück.	**Could you take it back, please?** 'kud ju täik_it 'bäk, plihs?

DIE RECHNUNG BITTE!

Ich möchte zahlen.	**Could I have the bill, please?**	'kud ai häv ðə 'bil, plihs?
Ich möchte eine Quittung.	**Could I have a receipt?**	'kud ai häv ə ri'ßiht?
Wir möchten getrennt bezahlen.	**We'd like to pay separately.**	wihd 'laik tə päi 'ßeprətli.
Darf ich *Sie/dich* einladen?	**I'd like to pay for your meal.**	aid 'laik tə 'päi fə jo 'mihl.
Sie sind/Du bist heute mein Gast.	**I'd like to pay for this.**	aid 'laik tə 'päi fə ðiß.
❓● **Did you enjoy it?** in'dschoi_it?	did ju	Hat es Ihnen geschmeckt?
Danke, sehr gut.	**It was very nice, thank you.**	it wəs 'veri 'naiß, θänk_ju.
Ich glaube, hier stimmt etwas nicht.	**I think there's been a mistake.**	ai 'θink ðəs 'bin_ə miß'täik.
Das hatten wir nicht bestellt.	**We didn't order that.**	wi 'didnt 'odə ðät.
Es stimmt so.	**Keep the change.**	'kihp ðə tschäindsch.
Vielen Dank.	**Thank you very much.**	'θänk_ju 'veri 'matsch.

4

INFO In britischen Restaurants ist ein Trinkgeld von etwa 10% angebracht. Oft wird dies automatisch auf die Rechnung gesetzt. Sie sollten also, wenn Sie sich die Preise ansehen, etwa 10% hinzurechnen, es sei denn, es steht unten auf der Speisekarte ausdrücklich „Service (charge) included" (inklusive Bedienung). In diesem Fall brauchen Sie kein weiteres Trinkgeld zu hinterlassen.

MIT FREUNDEN ESSEN

INFO In Großbritannien ist es unüblich, sich vor der Mahlzeit „Guten Appetit" zu wünschen.

Zum Wohl!	***Cheers!/***(formell) ***To your good health!*** tschias!/ta jo 'gud 'helθ!	

? **How are you enjoying your meal?** Wie schmeckt
'hau_ə ju in'dschoiing jɔ 'mihl? es *Ihnen/dir*?

Danke, sehr gut. **It's very nice, thank you.** itß 'veri
'naiß, 'θänk_ju.

? **Would you like some of this?** Möchten Sie/Möchtest
wud ju 'laik ßəm_əv ðiß? *du* hiervon?

? **Would like some more?** wud ju Noch etwas …?
'laik ßəm 'mɔ?

Ja, gerne. **Yes, please.** 'jeß, 'plihs.

Danke, im **Not at the moment, thanks.** 'nɔt ət ðə
Moment nicht. 'moumənt, 'θänkß.

Danke, ich bin satt.	**No thank you, I'm full.** 'nou 'θänk_ju, aim 'ful.	
Was ist das?	**What's that?** 'wɔtß 'ðät?	
Würden Sie/Würdest du mir bitte ... reichen?	**Could you pass me the ..., please?** kud ju 'pahß mi ðə ..., plihs?	
Stört es *Sie/dich*, wenn ich rauche?	**Do you mind if I smoke?** də ju 'maind_if ai 'ßmouk?	
Danke für die Einladung.	**Thank you very much for the meal.** 'θänk_ju 'veri 'matsch fə ðə 'mihl.	
Es war ausgezeichnet.	**It was excellent.** 'it wəs_'exələnt.	

Essen und Trinken

Abendessen	**dinner, supper** 'dinə, 'ßapə
Alkohol	**alcohol** 'älkəhol
alkoholfrei	**non-alcoholic, low-alcohol** 'nɔnälkə'hɔlik, 'lou'älkəhɔl
Aschenbecher	**ashtray** 'äschträi
ausgezeichnet	**excellent** 'exələnt
Bedienung	**waiter, waitress** 'wäitə, 'wäitrəß
Besteck	**cutlery** 'katləri
bestellen	**to order** tu_'ɔdə
Bestellung	**order** 'ɔdə
bezahlen	**to pay** tə päi
Bier	**beer** biə
bringen	**to bring** tə bring
Brot	**bread** bred
belegtes -	**sandwich** 'ßändwidsch

Brötchen	**roll**	roul
Butter	**butter**	'batə
Café	**café**	kä'fäi
Diabetiker	**diabetic**	daiə'betik
diabetisch	**diabetic**	daiə'betik
Diät	**diet**	'daiət
durstig sein	**to be thirsty**	tə bi 'θößti
Ei	**egg**	eg
hart gekochtes -	**hard-boiled egg**	'hahdboild_'eg
weich gekochtes -	**soft-boiled egg**	'ßoftboild_'eg
einladen, jemanden	**to pay for somebody's meal**	'tə 'päi fə 'ßambədis 'mihl
Eis(würfel)	**ice (cubes)**	'aiß_kjuhbs
essen	**to eat**	tu_iht
Essen	**food**	fuhd
Essig	**vinegar**	'vinigə
Fett	**fat**	fät
fett	**greasy, fatty**	'grihßi, 'fäti
Filterkaffee	*real/filter* **coffee**	'riəl/'filtə kɔfi
Fisch	**fish**	fisch
Flasche	**bottle**	'bɔtl
Fleisch	**meat**	miht
frisch	**fresh**	fresch
Frühstück	**breakfast**	'brekfaßt
Füllung	**filling**	'filing
Gabel	**fork**	fɔk
Gang	**course**	kɔß
Gast	**guest**	geßt

Gebäck	**cakes** *pl.* **(and biscuits** *pl.***)**	'käikß (_ən 'bißkitß)
Gedeck	**cover;** *(Kosten)* **cover charge**	'kavə; 'kavə tschahdsch
Gemüse	**vegetables** *pl.*	'vedschtəbls
Gericht	**meal**	mihl
Getränk	**drink**	drink
Getränkekarte	**wine list**	'wain lißt
getrennt bezahlen	**to pay separately**	tə päi 'ßeprətli
Gewürz	**spice**	ßpaiß
gewürzt	**seasoned**	'ßihsənd
Glas	**glass**	glahß
Gräte	**bone**	boun
Hauptgericht	**main course**	'mäin koß
hausgemacht	**homemade**	'hoummäid
heiß	**hot**	hɔt
Hochstuhl	**high chair**	'hai tscheə
Honig	**honey**	'hani
hungrig sein	**to be hungry**	tə bi 'hangri
Kaffee	**coffee**	'kɔfi
koffeinfreier -	**decaffeinated coffee, decaf**	dih'käfinäitəd 'kɔfi, 'dihkäf
schwarzer -	**black coffee**	'bläk 'kɔfi
- mit Milch	**white coffee**	'wait 'kɔfi
- mit Zucker	**coffee with sugar**	'kɔfi wið 'schugə
Kakao	**cocoa**	'koukou
kalt	**cold**	kould
Karaffe	**carafe**	kə'räf
Käse	**cheese**	tschihs

4

119

Kellner	**waiter**	'wäitə
Kellnerin	**waitress**	'wäitrəß
Kinderteller	**children's portion**	'tschildrəns pɔschn
Kneipe	**pub**	pab
Knoblauch	**garlic**	'gahlik
Knochen	**bone**	boun
Korkenzieher	**corkscrew**	'kɔkßkruh
Kräuter	**herbs**	höbs
Kuchen	**cake**	käik
Löffel	**spoon**	ßpuhn
mager	**lean**	lihn
Margarine	**margarine**	mahdschə'rihn
Marmelade	**jam**	dschäm
Mayonnaise	**mayonnaise**	mäiə'näiß
Menü	**set *meal*/lunch**	'ßet 'mihl/'lantsch
Messer	**knife**	naif
Milch	**milk**	milk
Mineralwasser	**mineral water**	'minərəl wɔtə
- mit Kohlensäure	**sparkling mineral water**	'ßpahkling 'minərəl wɔtə
- ohne Kohlensäure	**still mineral water**	'ßtil 'minərəl wɔtə
Mittagessen	**lunch**	lantsch
Nachtisch	**dessert**	di'söt
Obst	**fruit**	fruht
Öl	**oil**	oil
Olivenöl	**olive oil**	'oliv 'oil
Pfeffer	**pepper**	'pepə
Pilze	**mushrooms**	'maschrums

Pizza	**pizza** 'pihzə
Platz	**seat** ßiht
Portion	**portion** 'pɔschn
probieren	**to try** tə trai
Rohkost	**crudités** 'kruhditei
Quark	**curd cheese** 'köd 'tschihs
reservieren	**to book** tə buk
Restaurant	**restaurant** 'reßtərant
Rührei	**scrambled egg** 'ßkrämbld_'eg
Sahne	**cream** krihm
Salat	**salad; (***Kopfsalat***) lettuce** 'ßäləd; 'letiß
Salatsoße	**dressing** 'dreßing
Salz	**salt** ßɔlt
satt sein	**to be full** tə bi 'ful
sauer	**sour** 'ßauə
scharf	**hot, spicey** hɔt, 'ßpaißi
Scheibe	**slice** ßlaiß
Schinken	**ham** häm
schmecken	**to taste** tə täißt
Schonkost	**light food** 'lait 'fuhd
Senf	**mustard** 'maßtəd
Serviette	**serviette, napkin** ßövi'et, 'näpkin
Soße	**sauce; (***Bratensoße***) gravy** ßɔß; 'gräivi
Speisekarte	**menu** 'menju
Spezialität	**speciality** ßpeschi'äləti
Spiegelei	**fried egg** 'fraid_'eg
Strohhalm	**straw** ßtrɔ
Stück	**piece** pihß
Suppe	**soup** ßuhp

4

süß	**sweet**	ßwiht
Süßstoff	**sweetener**	'ßwihtnə
Tagesgericht	**dish of the day**	'disch_əv ðə 'däi
Tasse	**cup**	kap
Tee	**tea**	tih
Teelöffel	**teaspoon**	'tihßpuhn
Teller	**plate**	pläit
Tisch	**table**	'täibl
Toilette	**toilet**	'toilət
trinken	**to drink**	tə drink
Trinkgeld	**tip**	tip
vegetarisch -e Gerichte	**vegetarian dishes**	vedsche'teəriən 'dischis
Vollkornbrot	**wholemeal bread**	'houlmihl 'bred
Vorspeise	**starter**	'ßtahtə
warm	**warm**	wɔm
Wasser	**water**	'wɔtə
weich	**soft**	ßoft
Wein	**wine**	wain
Weißbrot	**white bread**	'wait 'bred
zahlen	**to pay**	tə päi
Zahnstocher	**toothpick**	'tuhθpik
Zucker	**sugar**	'schugə
Zwiebel	**onion**	'anjən

TOURISTENINFORMATION

Ich möchte …	**Could I have …** 'kud_ai 'häv_…
einen Plan von der Umgebung.	**a map of the area?** ə 'mäp_əv ði_'eəriə?
einen Stadtplan.	**a map of the** *town/city*? ə 'mäp_əv ðə 'taun/'ßiti?
einen U-Bahn-Plan.	**an underground map?** ən_'andəgraund 'mäp?
einen Veranstaltungskalender.	**an events guide?** ən_i'ventß gaid?

Gibt es *Stadtrundfahrten/ Stadtführungen*?

Are there city sightseeing tours/guided walks around the city? 'ah ðə 'ßiti 'ßaitßiing tuəs/'gaidəd 'wɔkß_ə'raund ðə 'ßiti?

Was kostet die *Stadtrundfahrt/ Stadtführung*?

How much is the (city) sightseeing tour/guided walk (around the city)? hau 'matsch_is ðə ('ßiti) 'ßaitßiing tuə/'gaidəd 'wɔk_(ə'raund ðə 'ßiti)?

Wie lange dauert die *Stadtrundfahrt/ Stadtführung*?

How long does the (city) sightseeing tour/guided walk (around the city) take? hau 'lɔng das ðə ('ßiti) 'ßaitßiing tuə/'gaidəd 'wɔk_(ə'raund ðə 'ßiti) täik?

Bitte *eine Karte/ zwei Karten* für die *Stadtrundfahrt/ Stadtführung*.

A ticket/Two tickets for the (city) sightseeing tour/guided walk (around the city), please. ə 'tikət/'tuh 'tikətß fə ðə ('ßiti) 'ßaitßiing tuə/'gaidəd 'wɔk_(ə'raund ðə 'ßiti), plihs.

Ich möchte … besichtigen.	**I'd like to visit …** aid 'laik tə 'visit …
Wann/Wie lange ist … geöffnet?	***When/How long* is … open?** 'wen/hau 'lɔng is … 'oupən?
Bitte für den Ausflug morgen nach … *einen Platz/zwei Plätze*.	***One ticket/Two tickets* for tomorrow's excursion to …, please.** 'wan 'tikət/'tuh 'tikətß fə tə'mɔrous_ix'köschn tə …, plihs.
Wann/Wo treffen wir uns?	***When/Where* do we meet?** 'wen/'weə də wi 'miht?
Besichtigen wir auch …?	**Do we also visit …?** du wi 'ɔlßou 'visit …?
Wann geht es los?	**When do we start?** 'wen də wi 'ßtaht?
Wann kommen wir zurück?	**When do we get back?** 'wen də wi get 'bäk?

➡ *Hotelreservierung: Hotel (S. 35); öffentliche Verkehrsmittel: Unterwegs (ab S. 58); Fragen nach dem Weg (S. 54)*

BESICHTIGUNGEN, AUSFLÜGE

Wann/Wie lange ist … geöffnet?	**When are the opening hours of …?** 'wen_ə ði_'oupəning_auəs_əv …?

5

Wie viel kostet *der Eintritt/die Führung*?	***What's the admission charge?/How much does the guided tour cost?*** 'wɔtß ði_əd'mischn tschadsch/'hau matsch dəs ðə 'gaidəd 'tuə kɔßt?
Gibt es auch Führungen auf Deutsch?	**Are there guided tours in German, too?** 'ah ðə 'gaidəd 'tuəs_in 'dschömən 'tuh?
Gibt es eine Ermäßigung für … Familien? Gruppen? Kinder? Studenten?	**Are there … concessions?** 'ah ðə … kən'ßeschns? **family** 'fämli **group** 'gruhp **child** 'tschaild **student** 'ßtjuhdənt
Gibt es eine Ermäßigung für Senioren?	**Are there concessions for senior citizens?** 'ah ðə kən'ßeschns fə 'ßihnjə 'ßitisəns?
Wann beginnt die Führung?	**When does the guided tour start?** 'wen dəs ðə 'gaidəd 'tuə 'ßtaht?
Eine Karte/ Zwei Karten bitte.	***One ticket/Two tickets**, please.* 'wan 'tikət/'tuh 'tikətß, plihs.
Zwei Erwachsene, zwei Kinder bitte.	**Two adults and two *children/halves*, please.** 'tuh_'ädaltß_ən 'tuh 'tschildrən/'havs, plihs.
Darf man *fotografieren/filmen*?	**Is *photography/videoing* allowed?** is fə'tɔgrəfi/'vidiouing_ə'laud?

126

| Haben Sie einen Katalog/Führer? | **Do you have a *catalogue/guide*?** də ju 'häv_ə *'kätəlɔg/'gaid*? |

INFO In Großbritannien ist der Eintritt zu den Museen und Gemäldegalerien vorwiegend noch frei.

Besichtigungen und Ausflüge

Abtei	**abbey** 'äbi
Altar	**altar** 'ɔltə
Altstadt	**old (part of) town** 'ould (paht_əv) 'taun
angelsächsisch	**Anglo-Saxon** 'änglou'Bäxən
Aquarell	**water-colour** 'wɔtəkalə
Archäologie	**archeology** 'ahki'ɔlədschi
Architektur	**architecture** 'ahkitektschə
Ausflug	**excursion, trip** ix'köschn, trip
Ausgrabungen	**excavations, dig** *sg.* 'exkə'väischns, dig
Aussicht	**view** vjuh
Ausstellung	**exhibition** 'exi'bischn
barock	**baroque** bə'rɔk
Bauwerk	**building** 'bilding
besichtigen	**to visit** tə 'visit
Besichtigung	**(sightseeing) tour, visit** ('Baitßiing) 'tuə, 'visit
Bibliothek	**library** 'laibrəri
Bild	**picture, painting** 'piktschə, 'päinting
Bildhauer	**sculptor** 'Bkalptə
Botanischer Garten	**Botanical Gardens** bə'tänikl 'gahdns
Brauerei	**brewery** 'bruəri
Brücke	**bridge** bridsch

Brunnen	**fountain** ˈfauntən
Burg	**castle** ˈkahßl
Büste	**bust** baßt
Chor	**choir, chancel** ˈkwaiə, ˈtschahnßl
Decke	**ceiling** ˈßihling
Denkmal	**monument; statue** ˈmɔnjumənt; ˈßtätschuh
unter -schutz stehen	**to be listed** tə bi ˈlißtəd
Dom	**cathedral** kəˈßihdrəl
Epoche	**epoch, era** ˈipɔk, ˈiərə
Fassade	**façade** fəˈßahd
Fenster	**window** ˈwindou
Festung	**fortress, castle** ˈfɔtrəß, ˈkahßl
filmen	**to video, to film** tə ˈvidiou, tə film
Fluss	**river** ˈrivə
Fotografie	**photography** fəˈtɔgrəfi
fotografieren	**to take photographs** tə ˈtäik ˈfoutəgrahfß
Fremdenführer	**tourist guide** ˈtuərißt gaid
Friedhof	**cemetery;** (*Kirchhof*) **churchyard** ˈßemətri; ˈtschötschjahd
Führung	**guided tour** ˈgaidid ˈtuə
Fußgängerzone	**pedestrian zone** piˈdeßtriən ˈsoun
Galerie	**gallery** ˈgäləri
Garten	**garden** ˈgahdn
Gebirge	**mountains** ˈmauntəns
Gedenkstätte	**memorial** məˈmɔriəl

Gemälde	**painting** 'päinting
-sammlung	**art** *collection/gallery* 'aht kəlekschn/gäləri
geöffnet	**open** 'oupən
Geschichte	**history** 'hißtəri
geschlossen	**closed** klousd
Glas	**glass** glahß
Glocke	**bell** bel
gotisch	**Gothic** 'goθik
Gottesdienst	**(church) service** ('tschötsch) 'ßöviß
Grab	**grave**; *(-mal)* **tomb** gräiv; tuhm
Hafen	**port, harbour** pot, 'hahbə
Haus	**house** hauß
Hof	**court** kɔt
Höhle	**cave** käiv
Inschrift	**inscription** in'ßkripschn
Jahrhundert	**century** 'ßentschəri
Kanzel	**pulpit** 'pulpit
Kapelle	**chapel** 'tschäpl
Kathedrale	**cathedral** kə'θidrəl
Kirche	**church** tschötsch
Kirchturm	**church tower**; *(mit Spitze)* **steeple, spire** tschötsch 'tauə; 'ßtihpl, 'ßpaiə
Klippe	**cliff**; *(Fels)* **rock** klif; rɔk
klassizistisch	**neoclassical** 'niou'kläßikl
Kloster	**monastery**; *(Nonnenkloster)* **convent** 'mɔnəßtri; 'kɔnvənt
König	**king** king
Königin	**queen** kwihn

Kreuz	**cross** kroß
Kreuzgang	**cloisters** *pl.* 'kloißtəs
Kronjuwelen	**crown jewels** 'kraun 'dschuəls
Krypta	**crypt** kript
Künstler	**artist; painter** 'ahtißt; 'päintə
Kuppel	**dome** doum
Landschaft	**landscape** 'ländßkäip
Maler	**painter** 'päintə
Malerei	**painting** 'päinting
Markt	**market** 'mahkit
-halle	**covered market** 'kavəd 'mahkit
Marmor	**marble** 'mahbl
Mauer	**wall** wol
Mittelalter	**Middle Ages** *pl.* 'midl_'äidschis
mittelalterlich	**mediaeval** medi'ihvl
Möbel	**furniture** 'fönitschə
modern	**modern** 'modn
Mosaik	**mosaic** mou'säiik
Museum	**museum** mju'siəm
Nationalpark	**national park** 'näschənəl 'pahk
naturkundliches Museum	**natural history museum** 'nätschərəl 'hißtəri mju'siəm
Naturschutzgebiet	**conservation area;** (*in GB oft*) **National Trust property** 'konßə'väischn_eəriə; 'näschənəl 'traßt 'propəti
Ölmalerei	**oil painting** 'oil päinting
Opernhaus	**opera house** 'opərə hauß
Orgel	**organ** 'ogən
Original	**original** ə'ridschənəl

Palast	**palace**	'päləß
Park	**park**	pahk
Plakat	**poster**	'poußtə
Planetarium	**planetarium**	plänə'teəriəm
Plastik	**sculpture**	'ßkalptschə
Platz	**square**	ßkweə
Portal	**portal, main entrance**	'potl, 'mäin_'entrənß
Porträt	**portrait**	'potrət
Prospekt	**brochure**	'brouschə
Rathaus	*town/city* **hall**	'taun/'ßiti 'hol
rekonstruieren	**to reconstruct**	tə 'rihkən'ßtrakt
Relief	**relief**	ri'lihf
Religion	**religion**	ri'lidschən
Renaissance	**renaissance**	ri'näißnß
restaurieren	**to restore**	tə ri'ßtɔ
romanisch	(*in England*) **Norman**	'nɔmən
Romantik	**Romantic era; Romantic style**	rə'mäntik_'iərə; rə'mäntik 'ßtail
Ruine	**ruin(***s pl.***)**	'ruin(s)
Saal	**hall**	hol
Sandstein	**sandstone**	ßändßtoun
Säule	**column, pillar**	'kɔləm, 'pilə
Schatzkammer	**treasury**	'treschəri
Schloss	**castle, palace**	'kahßl, 'päləß
Schnitzerei	**(wood) carving**	('wud) 'kahving
See	**lake**	läik
Sehenswürdigkeiten	**places of interest, sights**	'pläißis_əv_'intrəßt, ßaitß

Skulptur	**sculptur**e	'ßkalptschə
Stadt	**town, city**	taun, 'ßiti
-führung	**guided tour of the city**	'gaidəd 'tuər_əv ðə 'ßiti
-mauer	**city wall**	'ßiti 'wol
-teil	**part** *of town/of the city*	'paht_əv 'taun/əv ðə 'ßiti
-zentrum	***town/city* centre**	*'taun/'ßiti* 'ßentə
Statue	**statue**	'ßtätschuh
Sternwarte	**observatory**	əb'ßövətri
Stil	**style**	ßtail
Stillleben	**still life**	'ßtil 'laif
Synagoge	**synagogue**	'ßinəgog
Tal	**valley**	'väli
Theater	**theatre**	'θiətə
Töpferei	**pottery**	'potəri
Tor	**gate**	gäit
Touristen-information	**tourist information**	'tuərißt_infə'mäischn
Tropfsteinhöhle	**stalactite cave**	'ßtäləktait 'käiv
Turm	**tower**	'tauə
Überreste	**remains**	ri'mäins
Umgebung	**surrounding area, surroundings** *pl.*	ßə'raunding_'eariə, ßə'raundings
Universität	**university**	'juni'vößəti
Vase	**vase**	vahs
viktorianisch	**Victorian**	vik'toriən
Wachablösung	**changing of the guard**	'tschäindsching_əv ðə 'gahd

Wald	**wood, forest** wud, 'forißt
Wallfahrtsort	**place of pilgrimage** 'pläiß_əv 'pilgrimidsch
Wandmalerei	**mural** 'mjuərəl
Wappen	**(coat of) arms** *pl.* ('kout_əv)_'ahms
Zeichnung	**drawing;** (*Skizze*) **sketch** 'droing; ßketsch
Zoo	**zoo** suh

TIERE UND PFLANZEN

cedar 'ßidə	Zeder
daffodil 'däfədil	Narzisse
heather 'heðə	Heidekraut
horse chestnut 'hoß 'tscheßnat	Kastanie
maple 'mäipl	Ahorn
oak ouk	Eiche
yew juh	Eibe
badger 'bädschə	Dachs
bat bät	Fledermaus
boar bo	Wildschwein
carp kahp	Karpfen
cattle 'kätl	Rindvieh
deer diə	Reh
duck dak	Ente
fox fox	Fuchs
hare heə	Hase
heron 'herən	Reiher

5

jackdaw	'dschäkdɔ	Dohle
otter	'ɔtə	Otter
owl	aul	Eule
partridge	'pahtridsch	Rebhuhn
pheasant	'fesnt	Fasan
pig	pig	Schwein
pike	paik	Hecht
pigeon	'pidschən	Taube
rabbit	'räbit	Kaninchen
robin	'rɔbin	Rotkehlchen
salmon	'ßämən	Lachs
seagull	'ßihgal	Möwe
seal	ßihl	Seehund
sheep	schihp	Schaf
swan	ßwɔn	Schwan
toad	toud	Kröte
trout	traut	Forelle
weasel	'wihsl	Wiesel

Shopping

ALLGEMEINES

Wo bekomme ich …?	**Where can I get …?** 'weə kən_ai 'get …?	
❓ Can I help you (at all)? kən_ai 'help_juh(_ət_ɔl)?		Kann ich Ihnen helfen?
Danke, ich sehe mich nur um.	**I'm just looking, thanks.** aim 'dschaßt 'luking, 'θänkß.	
Ich werde schon bedient.	**I'm being served, thanks.** aim 'biing 'ßövd, 'θänkß.	
Ich hätte gerne …	**I'd like …** aid 'laik …	
Geben Sie mir bitte …	**Could I have …, please?** kud_ai 'häv …, plihs?	

eine Dose …   **a tin of …** ə 'tin_əv …
eine Flasche …   **a bottle of …** ə 'botl_əv …
ein Glas …   **a jar of …** ə 'dschahr_əv …
eine Packung …   **a packet of …** ə 'päkit_əv …

❗ I'm afraid we've run out of … aim_ə'fräid wihv ran_'aut_əv …		Es tut mir leid, wir haben keine … mehr.
Was *kostet/kosten* …?	**How much *is/are* …?** hau 'matsch_*is/ə* …?	
Das gefällt mir nicht so gut.	**I don't like that so much.** ai 'dount 'laik ðät ßou 'matsch.	

Können Sie mir noch etwas anderes zeigen?	**Is there anything else you could show me?** is ðər_'eniθing_'elß ju kud 'schou mi?	
Haben Sie etwas Billigeres?	**Do you have anything cheaper?** də ju häv_'eniθing 'tschihpə?	
Ich muss mir das noch mal überlegen.	**I'll have to think about it.** ail 'häv_tə 'θink_əbaut_it.	
Das gefällt mir. Ich nehme es.	**I like it. I'll take that.** ai 'laik_it. ail 'täik ðät.	
? *Anything else(, Madam/Sir)?* 'eniθing_'elß ('mädəm/'ßò)?		Darf es sonst noch etwas sein?
Danke, das ist alles.	**That's all, thanks.** ðätß_'ol, 'θänkß.	
Kann ich *mit dieser Kreditkarte/mit Euroscheck* zahlen?	**Can I pay *with this credit card/by Eurocheque*?** kən ai 'päi wið 'ðiß 'kredit kahd/bai_'juəroutschek?	
Haben Sie eine Tragetüte?	**Do you have a (carrier) bag?** də ju 'häv_ə ('käriə) 'bäg?	
Können Sie es mir als Geschenk einpacken?	**Could you wrap it up as a present, please?** 'kud_ju 'räp it_ap_əs_ə 'presnt, plihs?	
Bitte geben Sie mir eine Quittung.	**Could I have a receipt, please?** kud_ai 'häv_ə ri'ßiht, plihs?	

6

Das ist kaputt. Können Sie es reparieren?	**This is broken. Can you repair it for me?** ðiß_is 'brouken. kən ju ri'peər_it fə mih?
Wann ist es fertig?	**When will it be ready?** 'wen wil_it bi 'redi?
Ich möchte das *umtauschen/ zurückgeben.*	**I'd like to *exchange this/hand this back.*** aid 'laik tu ix'tschäindsch ðiß/'händ ðiß 'bäk.
Ich möchte mein Geld zurück.	**I'd like my money back.** aid 'laik mai 'mani bäk.
Sie haben mir ... zu wenig gegeben.	**I think you've given me the wrong change. I should have another ...** ai 'θink juv 'givən mi ðə 'rong 'tschäindsch. ai 'schud häv_ə'naðə ...

INFO Die Öffnungszeiten der Geschäfte sind in der Regel von 9 bis 17.30 Uhr (auch samstags). Donnerstags haben größere Geschäfte generell von 9 bis 20 Uhr auf, kleinere Geschäfte schließen um 18 oder 19 Uhr. Viele Geschäfte in London und anderen Großstädten bleiben unter der Woche abends generell bis 19 oder 20 Uhr offen, manche sogar länger. Auch werden Sie sonntags diverse Geschäfte finden, die offen sind. Überall gibt es kleine Lebensmittelgeschäfte oder Supermärkte, die bis spät abends offen bleiben (22 Uhr, 23 Uhr oder Mitternacht, manche sogar rund um die Uhr).

Allgemeines

Ausverkauf	**sale(s** *pl.*)	Bäil(s)
bedienen	**to serve**	tə Böv
besser	**better**	'betə
billiger	**cheaper**	'tschihpə
Dose	**tin;** (*Getränk*) **can**	tin; kän
(zu) dunkel	**(too) dark**	('tu) 'dahk
einpacken	**to pack/wrap up**	tə päk/räp_'ap
geben	**to give**	tə giv
Geld	**money**	'mani
Geschenk	**present**	'presnt
Glas	(*für Marmelade usw.*) **jar**	dschah
(zu) groß	**(too) big**	('tuh) big
größer	**bigger**	'bigə
(zu) hart	**(too) hard**	('tu) 'hahd
(zu) hell	**(too) light**	('tu) 'lait
kaufen	**to buy**	tə bai
(zu) klassisch	**(too) classical**	('tu) 'kläßikl
(zu) klein	**(too) small**	('tuh) 'ßmɔl
kleiner	**smaller**	'ßmɔlə
eine Nummer -	**a size smaller**	ə 'ßais 'ßmɔlə
Mehrwertsteuer	**VAT**	viäi'tih
(zu) modern	**(too) modern**	('tuh) 'mɔdn
Schaufenster	**shop window**	'schɔp 'windou
Scheck	**cheque**	tschek
(zu) schwer	**(too) heavy**	('tuh) 'hevi
Selbstbedienung	**self-service**	ßelf'ßöviß
Sonderangebot	**special offer**	'ßpeschl_'ɔfə
(zu) teuer	**(too) expensive**	('tuh)_ix'penßiv

teurer	**more expensive** mɔr_ix'penßiv
Tüte	**bag** bäg
umtauschen	**to exchange** tu_ix'tschäindsch
viereckig	**square** ßkweə
(zu) weich	**(too) soft** ('tuh) 'ßɔft
zeigen	**to show** tə schou

Farben und Muster

beige	**beige** bäisch
blau	**blue** bluh
braun	**brown** braun
bunt	**colourful** 'kaləful
cremefarben	**cream** krihm
dunkel	**dark** dahk
dunkelblau	**navy** 'näivi
einfarbig	**self-coloured** 'ßelf'kaləd
Fischgrät	**herringbone** 'heringboun
gelb	**yellow** 'jelou
gemustert	**patterned** 'pätənd
gestreift	**striped** ßtraipt
golden	**gold(-coloured)** 'gould(kaləd)
grau	**grey** gräi
grün	**green** grihn
hell	**light** lait
kariert	**checked** tschekt
lila	**purple** 'pöpl
Nadelstreifen	**pinstripe** 'pinßtraip
pink	**shocking pink** 'schɔking 'pink

140

rosa	**pink**	pink
rot	**red**	red
schwarz	**black**	bläk
silbern	**silver(y)**	'ßilvə(ri)
türkis	**turquoise**	'tökwois
weinrot	**wine-coloured, claret**	'wainkaləd, 'klärət
weiß	**white**	wait

Stoffe

atmungsaktiver Stoff	**breathable material**	'brihðəbl mə'tiəriəl
Baumwolle	**cotton**	'kɔtn
Kamelhaar	**camelhair**	'kämlheə
Kaschmir	**cashmere**	'käschmiə
Lammwolle	**lambswool**	'lämswul
Naturfaser	**natural fibre**	'nätschərəl 'faibə
reine Schurwolle	**pure new wool**	'pjuə 'njuh 'wul
Seide	**silk**	ßilk
Synthetik	**synthetik fibre**	ßin'θetik 'faibə
Wolle	**wool**	wul

Geschäfte

Andenkenladen	**souvenir shop**	ßuhvə'niə schɔp
Antiquitätengeschäft	**antique shop**	än'tihk schɔp
Apotheke	**chemist**	'kemißt
Bäckerei	**bakery**	'bäikəri
Blumengeschäft	**florist, flower shop**	'flɔrißt, 'flauə schɔp

141

Boutique	**boutique** buh'tihk
Buchhandlung	**bookshop** 'bukschɔp
Drogerie	**chemist** 'kemißt
Elektrohandlung	**electrical shop** i'lektrikl schɔp
Fischgeschäft	**fishmonger** 'fischmangə
Fleischerei	**butcher('s shop)** 'butschə(s schɔp)
Fotogeschäft	**photo shop, photographer's** 'foutou schɔp, fə'tɔgrəfəs
Friseur	**hairdresser;** *(Herren)* **barber** 'heədreßə; 'bahbə
Gemüsehändler	**greengrocer** 'grihngroußə
Haushaltswarenladen	**ironmonger** 'aiənmangə
Juwelier	**jeweller(y shop)** 'dschuələ ('dschuəlri schɔp)
Kaufhaus	**department store** di'pahtmənt ßtɔ
Kiosk	**(newspaper) kiosk** ('njuhspäipə) kiɔßk
Lederwarengeschäft	**leather shop** 'leðə schɔp
Obstgeschäft	**fruitseller** 'fruhtßelə
Optiker	**optician** ɔp'tischn
Parfümerie	**perfume shop** 'pöfjuhm schɔp
Reinigung	**dry cleaner** drai 'klihnə
Schallplattengeschäft	**record shop** 'rekəd schɔp
Schuhgeschäft	**shoe shop** 'schuh schɔp
Schuhmacher	**shoemaker, shoe repair shop** 'schuhmäikə, 'schuh ri'peə schɔp
Sportgeschäft	**sports shop** 'ßpɔtß schɔp
Supermarkt	**supermarket** 'ßuhpəmahkit
Süßwarenladen	**sweet shop** 'ßwiht schɔp
Tabakwarenladen	**tobacconist** tə'bäkənißt

| Uhrmacher | **watch shop** 'wɔtsch schɔp |
| Zeitungshändler | **newsagent** 'njuhsäidschənt |

6

INFO Apotheken verkaufen generell nur Medikamente und keine Parfümerieartikel. Ausnahme: **Boots**, eine Drogeriekette mit einer sehr großen Auswahl an Toilettenartikeln neben der Apothekenabteilung.

LEBENSMITTEL

Was ist das?	**What's that?** wɔtß 'ðät?
Bitte geben Sie mir …	**Could I have …, please?** kud ai 'häv …, plihs?
¼ Pfund …	**a quarter-pound of …** _ə 'kwɔtə'paund_əv …
1 Kilo …	**a kilo of …** _ə 'kihlou_əv …
1 Liter …	**a litre of …** _ə 'lihtər_əv …
1 halben Liter …	*etwa:* **a pint of …** _ə 'paint_əv …
1 Pfund …	**a pound of …** _ə 'paund_əv …
4 Scheiben …	**four slices of …** 'fɔ 'ßlaißis_əv …
1 Stück …	**a piece of …** _ə 'pihß_əv …

INFO Ein englisches Pfund ist mit 454 Gramm etwas weniger als ein deutsches.

? **It's a bit over. Is that all right?** Darf es etwas mehr
• itß_ə 'bit_'ouvə. is 'ðät_ɔl 'rait? sein?

Etwas weniger, bitte. **A bit less, please.** ə 'bit 'leß, plihs.

143

Etwas mehr, bitte.	**A bit more, please.**	ə 'bit 'mɔ, plihs.
Kann ich davon etwas probieren?	**Could I try some?**	kud ai 'trai ßam?

INFO Wundern Sie sich nicht, wenn auch an den Supermarktkassen bargeldlos bezahlt wird. Die Zahlung per Scheck bzw. Kredit- oder Kundenkarte ist hierzulande sehr verbreitet.

Lebensmittel

Ananas	**pineapple**	'painäpl
Apfel	**apple**	'äpl
-saft	**apple juice**	'äpl dschuhß
-wein	**cider**	'ßaidə
Aprikose	**apricot**	'äiprikɔt
Artischocke	**artichoke**	'ahtitschouk
Aubergine	**aubergine**	oubə'schihn
Austern	**oysters**	'oißtes
Avocado	**avocado**	'ävə'kahdou
Babynahrung	**baby food**	'bäibi fuhd
Banane	**banana**	bə'nahnə
Bier	**beer**	biə
alkoholfreies -	***low-alcohol,/alcohol-free* beer**	'lou'älkəhɔl/'älkəhɔlfrih 'biə
Birne	**pear**	peə
Bohnen	**beans**	bihns
grüne -	**runner beans**	'ranə bihns
Brokkoli	**broccoli**	'brɔkəli

Brot	**bread; (-*laib*) loaf**	bred; louf
Brötchen	**roll**	roul
Butter	**butter**	'batə
Chicoree	**chicory**	'tschikəri
Ei	**egg**	eg
Eis	**ice cream**	'aiß 'krihm
Eissalat	**iceberg lettuce**	'aißbög 'letiß
Erbsen	**peas**	pihs
Erdbeeren	**strawberries**	'ßtrobəris
Erdnüsse	**peanuts**	'pihnatß
Essig	**vinegar**	'vinigə
Fisch	**fish**	fisch
Fleisch	**meat**	miht
Geflügel	**poultry**	'poultri
Gemüse	**vegetables**	'vedschtəbls
Gewürze	**(herbs and) spices**	('höbs_ən) 'ßpaißis
Gurke	**cucumber**	'kjuhkambə
eingelegte -n	**pickled cucumbers**	'pikld 'kjuhkambəs
Hackfleisch	**minced meat**	'minßt miht
Haferbrei	**porridge**	'poridsch
Hähnchen	**chicken**	'tschikən
Himbeeren	**raspberries**	'rahsbəris
Honig	**honey**	'hani
Joghurt	**yoghurt**	'jogət
Kaffee	**coffee**	'kɔfi
Kakao	**cocoa**	'koukou
Kalbfleisch	**veal**	vihl
Kartoffelchips	**potato crisps**	pə'täitou 'krißpß

Kartoffeln	**potatoes** pə'täitous
Käse	**cheese** tschihs
Kekse	**biscuits** 'bißkitß
Kirschen	**cherries** 'tscheris
Kiwi	**kiwi(fruit)** 'kihwih(fruht)
Knoblauch	**garlic** 'gahlik
Kohl	**cabbage** 'käbidsch
Konserven	**tinned foods** 'tind 'fuhds
Kotelett	**chop** tschɔp
Kuchen	**cake** käik
Lammfleisch	**lamb** läm
Lauch	**leeks** *pl.* lihkß
Limonade	**lemonade** lemə'näid
Mais	**maize** mäis
Margarine	**margarine** mahdschə'rihn
Marmelade	**jam** dschäm
Mayonnaise	**mayonnaise** mäiə'näis
Melone	**melon** 'melən
Milch	**milk** milk
fettarme -	**(semi-)skimmed milk** ('ßemi)'ßkimd 'milk
Mineralwasser	**mineral water** 'minərəl wɔtə
Möhren	**carrots** 'kärətß
Nudeln	**noodles, pasta** *sg.* 'nuhdls, 'päßtə
Nüsse	**nuts** natß
Obst	**fruit** fruht
Öl	**oil** oil
Olive	**olive** 'ɔliv
Orange	**orange** 'ɔrəndsch

Orangenmarmelade	**marmalade**	'mahməläid
Orangensaft	**orange juice**	'orəndsch dschuhß
Paprika	(*Gewürz*) **paprika**	'päprikə
-schote	**pepper**	'pepə
Peperoni	**chilli**	'tschili
Petersilie	**parsley**	'pahßli
Pfeffer	**pepper**	'pepə
Pfirsich	**peach**	pihtsch
Pflaumen	**plums**	plams
Pralinen	**chocolates**	'tschoklətß
Quark	(**low-fat**) **curd cheese, quark**	('loufät) 'köd 'tschihs, kwahk
Reis	**rice**	raiß
Rindfleisch	**beef**	bihf
Rotwein	**red wine**	'red 'wain
Saft	**juice**	dschuhß
Sahne	**cream**	krihm
Salat	**lettuce**; (*angemacht*) **salad**	'letiß; 'ßäləd
Salz	**salt**	ßolt
Schinken	**ham**	häm
gekochter -	**boiled ham**	'boild 'häm
roher -	**raw ham**	'ro 'häm
Schnittlauch	**chives**	tschaivs
Schokolade	**chocolate**	'tschoklət
Schweinefleisch	**pork**	pok
Spinat	**spinach**	'ßpinidsch
Steak	**steak**	ßtäik
Süßigkeiten	**confectionery** *sg.*	kən'fekschnəri

Süßstoff	**sweetener**	'ßwihtnə
Tee	**tea**	tih
-beutel	**teabag**	'tihbäg
Thunfisch	**tuna**	'tjuhnə
Tomate	**tomato**	tə'mahtou
Torte	**gateau**	'gätou
Wein	**wine**	wain
Weintrauben	**grapes**	gräipß
Weißbrot	**white bread**	'wait 'bred
Weißwein	**white wine**	'wait 'wain
Wurst(aufschnitt)	*etwa:* **cold cuts** *pl.*	'kould 'katß
Würstchen	**sausages**	'ßoßidschis
Zitrone	**lemon**	'lemən
Zucchini	**courgettes**	kuə'schetß
Zucker	**sugar**	'schugə
Zwiebel	**onion**	'anjən

INFO Alkoholische Getränke kann man außer im Supermarkt auch in den sogenannten „Off-licences" kaufen. Das sind Geschäfte mit einer Lizenz zum Verkauf von Alkoholika, die auch abends offen haben. Die bekanntesten von ihnen sind Thresher's, Bottoms Up, Oddbins und Victoria Wine Shop.

In England gibt es diverse Sahnearten:

Single cream Mindestens 18 % Fettgehalt.

Double cream Dicke Sahne mit mind. 48 % Fettgehalt.

Whipping cream Schlagsahne mit 30–60 % Fettgehalt.

Clotted cream Zähflüssige Sahne aus erhitzter Milch, die vorwiegend beim „afternoon tea" zu „scones" gegessen wird.

Crème fraîche Saure Sahne.
Obwohl sich die Auswahl an Brotsorten hierzulande erweitert hat, wundern Sie sich nicht, wenn Sie Ihr gewohntes Vollkornbrot im Supermarkt oder in der Bäckerei nicht finden. Echtes Vollkornbrot finden Sie in Delikatessenläden sowie in der Lebensmittelabteilung bei Marks & Spencer, eventuell auch in besseren Supermärkten wie Sainsbury, Waitrose oder Tesco.

SOUVENIRS, SOUVENIRS

Was gibt es Typisches von dieser Gegend?	**What's typical of this area?**	wɔtß 'tipikl_əv ðiß_'eəriə?
Ist das Handarbeit?	**Is this handmade?**	is 'ðiß 'händ'mäid?
Ist das *antik/echt*?	**Is this *antique/genuine*?**	is 'ðiß än'tihk/'dschenjuin?

Souvenirs, Souvenirs

Andenken	**souvenir**	ßuhvə'niə
Decke	**blanket**	'blänkit
Handarbeit	**handicrafts** *pl.*	'händikrahftß
das ist -	**it's handmade**	itß 'händ'mäid
Handtasche	**handbag**	'händbäg
Keramik	**pottery, ceramics** *pl.*	'pɔtəri, ßə'rämikß
Leder	**leather**	'leðə
Lesezeichen	**bookmark**	'bukmahk
Porzellan	**china**	'tschainə
Pullover	**sweater**	'ßwetə

Rechnung	**bill** bil
Schmuck	**jewellery** ˈdschuəlri
Silber	**silver(ware)** ˈßilvə(weə)

KLEIDUNG UND REINIGUNG

| Ich suche … | **I'm looking for …** aim ˈluking fə … |

❓ What size are you? Welche Größe haben
wɔt ˈßais_ə juh? Sie?

| Ich habe Größe … | **I'm (continental) size …** aim (kɔntiˈnentl) ˈßais … |

| Haben Sie das noch in einer anderen Größe/Farbe? | **Do you have it in** *another size/a different colour*? də ju ˈhäv_it_in_əˈnaðə ˈßais/ə ˈdifrənt ˈkalə? |

➡ *Farben und Muster (S. 140)*

| Es ist zu *blass/dunkel*. | **It's too** *pale/dark*. itß ˈtuh ˈpäil/ˈdahk. |

| Kann ich das anprobieren? | **Could I try this on?** ˈkud ai ˈtrai ðiß_ˈɔn? |

| Haben Sie einen Spiegel? | **Do you have a mirror?** də ju ˈhäv_ə ˈmirə? |

| Wo sind die Umkleidekabinen? | **Where are the fitting rooms?** ˈweər_ə ðə ˈfiting ruhms? |

| Welches Material ist das? | **What material is this?** wɔt məˈtiəriəl_is ˈðiß? |

Es steht mir nicht.	**It doesn't suit me.** it 'dasənt 'ßuht mih.	
Das ist mir zu *groß/klein*.	**It's too *big/small*.** itß 'tuh 'big/'ßmol.	**6**
Das passt gut.	**It fits nicely.** it 'fitß 'naißli.	
Ich möchte das reinigen lassen.	**I'd like this dry-cleaned.** aid 'laik ðiß drai'klihnd.	
Können Sie diesen Fleck entfernen?	**Could you remove this stain?** kud ju ri'muhv ðiß 'ßtain?	

Kleidung und Reinigung

Abendkleid	**evening dress** 'ihvning 'dreß	
Anorak	**anorak** 'änəräk	
anprobieren	**to try on** tə trai_'on	
Anzug	**suit** ßuht	
Ärmel, kurze	**short sleeves** 'schot 'ßlihvs	
Ärmel, lange	**long sleeves** 'long 'ßlihvs	
Bademantel	**bathrobe, dressing gown** 'bahθroub, 'dreßing gaun	
Baumwolle	**cotton** 'kotən	
BH	**bra** brah	
Blazer	**blazer** 'bläisə	
Bluse	**blouse** blaus	
bügelfrei	**non-iron** non'aiən	
Druckknopf	**press stud** 'preß ßtad	
elegant	**smart, elegant** ßmaht, 'eligənt	
Farbe	**colour** 'kalə	

151

gefüttert	**lined** laind
Größe	**size** ßais
Gürtel	**belt** belt
Halstuch	**scarf;** *(Herren)* **cravat** ßkahf, krə'vät
Handschuhe	**gloves** glavs
Hemd	**shirt** schöt
Hose	**trousers** *pl.* 'trausəs
imprägnieren	**to reproof** tə rih'pruhf
Jacke	**jacket** 'dschäkit
Jeans	**jeans** *pl.* dschihns
Jogginganzug	**tracksuit** 'träkßuht
Jogginghose	**tracksuit trousers** *pl.* 'träkßuht 'trausəs
Kapuze	**hood** hud
Kleid	**dress** dreß
Knopf	**button** 'batn
Kostüm	**suit** ßuht
Kragen	**collar** 'kɔlə
Krawatte	**tie** tai
Leder	**leather** 'leðə
Leinen	**linen** 'linən
Mantel	**coat** kout
Mütze	**hat** hät
Nachthemd	**nightdress** 'naitdreß
Pullover	**pullover, jumper, sweater** 'pulouvə, 'dschampə, 'ßwetə
Regenmantel	**raincoat, mac** 'räinkout, mäk
reinigen	**to dry-clean** tə drai'klihn
Reißverschluss	**zip** sip
Rock	**skirt** ßköt

Sakko	**(sports) jacket** ('ßpɔtß) 'dschäkit
Schal	**scarf** ßkahf
Schlafanzug	**pyjamas** *pl.* pə'dschahməs
Seide	**silk** ßilk
Shorts	**shorts** schɔtß
Slip	**underpants** *pl.*; (*Damen*) *auch* **(ladies') panties** *pl.* 'andəpäntß; ('läidis) 'päntis
Socken	**socks** ßɔkß
Strümpfe	**stockings** 'ßtɔkings
Strumpfhose	**tights** *pl.* taitß
Synthetik	**man-made fibre** 'mänmäid 'faibə
Unterhemd	**vest** veßt
Unterhose	**underpants** *pl.* 'andəpäntß
Unterwäsche	**underwear** 'andəweə
Wolle	**wool** wul

➡ *Farben und Muster (S. 140)*

SCHUHE

Ich möchte ein Paar ...	**I'd like a pair of ...** aid 'laik ə 'peər_əv ...
Ich habe Schuhgröße ...	**I take size ... (continental).** ai 'täik 'ßais ... (kɔnti'nentl).
Der Absatz ist mir zu *hoch/niedrig*.	**The heels are too *high/low* for me.** ðə 'hihls_ə tuh *'hai/'lou* fə mih.

153

Sie sind zu *groß/klein*.	**They're too *big/small*.** ðeə 'tuh 'big/'ßmɔl.
Sie drücken hier.	**They're tight around here.** ðeə 'tait_əraund 'hiə.
Bitte erneuern Sie die *Absätze/die Sohlen*.	**I'd like these shoes *reheeled/resoled*.** aid 'laik ðihs 'schuhs *ri'hihld/rih'ßould*.

Schuhe

Absatz	**heel** hihl
Bergschuhe	***climbing/mountain* boots** 'klaiming/'mauntən buhtß
Einlegsohlen	**insoles** 'inßouls
eng	**tight** tait
Größe	**size** ßais
Gummisohle	**rubber sole** 'rabə 'ßoul
Gummistiefel	**wellington boots** 'welingtən 'buhtß
Halbschuhe	**shoes** schuhs
Hausschuhe	**slippers** 'ßlipəs
Lackschuhe	**patent leather shoes** 'peitənt 'leðə schuhs
Leder	**leather** 'leðə
Ledersohle	**leather sole** 'leðə 'ßoul
Pumps	**court shoes** 'kɔt schuhs
Sandalen	**sandals** 'ßändls
Schnürsenkel	**shoelaces** 'schuhläißis
Schuhcreme	**shoe polish** 'schuhpɔlisch
Schuhe	**shoes** schuhs

Stiefel	**boots** buhtß
Turnschuhe	**trainers** 'träinəs
Wanderschuhe	**walking shoes** 'wɔking schuhs
Wildleder	**suede** ßwäid

UHREN UND SCHMUCK

| Meine Uhr geht *vor/nach*. | **My watch is *fast/slow*.** mai 'wɔtsch_is 'faßt/'ßlou. |
| Ich suche ein hübsches *Andenken/Geschenk*. | **I'm looking for a nice little *souvenir/present*.** aim 'luking fər_ə 'naiß litl ßuhvə'niə/'presnt. |

? **How much are you thinking of spending?** 'hau matsch_ə ju 'θinking_əv 'ßpending? — Wie viel darf es denn kosten?

| Woraus ist das? | **What's this made of?** 'wɔtß ðiß 'mäid_ɔv? |

Uhren und Schmuck

Anhänger	**pendant** 'pendənt
Armband	**bracelet; (*Uhr*) strap** 'bräißlət; ßträp
Batterie	**battery** 'bätəri
Brillanten	**diamonds, brilliants** 'daimənds, 'briljəntß
Brosche	**brooch** broutsch
Diamanten	**diamonds** 'daimənds

Gold	**gold** gould
Halbedelstein	**semi-precious stone** 'ßemi'preschəß 'ßtoun
Hochzeitsring	**wedding ring** 'weding ring
Karat	**carat** 'kärət
Kette	**(*Hals*) chain, necklace** tschäin, 'nekləß
Messing	**brass** brahß
Modeschmuck	**costume jewellery** 'koßtjuhm 'dschuəlri
Ohrklipse	**clip-on earrings** 'klipɔn 'iərings
Ohrringe	**earrings** 'iərings
Perle	**pearl** pöl
Platin	**platinum** 'plätinəm
Ring	**ring** ring
Rubin	**ruby** 'ruhbi
Saphir	**sapphire** 'ßäfaiə
Silber	**silver** 'ßilvə
Smaragd	**emerald** 'emərəld
Uhr	**watch** wɔtsch
Uhrenarmband	**watchstrap** 'wɔtschßträp
vergoldet	**gold-plated** 'gould'pläitid
Verlobungsring	**engagement ring** in'gäidschmənt ring
versilbert	**silver-plated** 'ßilvə'pläitid

VON AFTERSHAVE BIS ZAHNSTOCHER

Aftershave	**aftershave** 'ahftəschäiv
Babyflasche	**baby's bottle** 'bäibis 'botl
Babyöl	**baby oil** 'bäibi_oil
Babypuder	**baby powder** 'bäibi 'paudə
Binden (*Damen*)	**sanitary towels** 'ßänitri 'tauəls
Bürste	**brush** brasch
Deo	**deodorant** di'oudərənt
Duschgel	**shower gel** 'schauə 'dschel
Enthaarungscreme	**depilatory cream** di'pilətri 'krihm
Fleckentferner	**stain remover** 'ßtäin rimuhvə
Haargummi	**elastic hairband** i'läßtik 'heəbänd
Haarklammern	**hairgrips** 'heəgripß
Haarspange	**hair slide** 'heə ßlaid
Haarspray	**hairspray** 'heəßpräi
Haartrockner	**hair dryer** 'heə draiə
Handcreme	**handcream** 'händkrihm
Hautcreme	**skin cream** 'ßkin krihm
- für trockene Haut	- **for dry skin** fə 'drai ßkin
- für fettige Haut	- **for oily skin** fər_'oili ßkin
Kamm	**comb** koum
Kondome	**condoms** 'kondəms
Lichtschutzfaktor	**sun protection factor** 'ßan prətekschn 'fäktə
Lidschatten	**eye shadow** 'ai schədou
Lippenstift	**lipstick** 'lipßtik
Lockenwickler	**hair curlers** 'heə köləs

6

Make-up-Entferner	**makeup remover**	'mäikap rimuhvə
Mückenschutz	**mosquito repellent**	mɔ'ßkihtou ri'pelənt
Nagelbürste	**nailbrush**	'näilbrasch
Nagelfeile	**nail file**	'näil fail
Nagellack	**nail varnish**	'näil vahnisch
Nagellackentferner	**nail varnish remover**	'näil vahnisch ri'muhvə
Nagelschere	**nail scissors** *pl.*	'näil ßisəs
Parfüm	**perfume**	'pöfjuhm
parfümfrei	**fragrance-free**	'fräigrənß'fri
Pflaster	**plaster**	'plahßtə
ph-neutral	**pH balanced**	'pihäitsch 'bälənßt
Pinzette	**tweezers** *pl.*	'twihsəs
Puder	**(talcum) powder**	('tälkəm) 'paudə
Rasierapparat	**shaver, razor**	'schäivə, 'räisə
Rasiercreme	**shaving cream**	'schäiving krihm
Rasierschaum	**shaving foam**	'schäiving foum
Reinigungsmilch	**cleansing milk**	'klenßing milk
Rouge	**blusher, rouge**	'blaschə, ruhsch
Sauger	*(für Babyflaschen)* **teat**	tiht
Schaumfestiger	**mousse**	muhß
Schnuller	**dummy**	'dami
Seife	**soap**	ßoup
Shampoo	**shampoo**	schäm'puh
- für fettiges Haar	**- for greasy hair**	- fə 'grihßi heə
- gegen Schuppen	**- for dandruff**	- fə 'dändraf
Sonnenöl	**suntan oil**	'ßantən_oil
Spiegel	**mirror**	'mirə
Tampons	**tampons**	'tämpɔns

Taschentücher	**handkerchiefs; (*Papier*) tissues** 'hänkətschifß; 'tischjuhs	
Toilettenpapier	**toilet paper** 'toilət päipə	
Waschlappen	**flannel** 'flänl	
Waschmittel	**detergent** di'tödschənt	
Watte	**cotton wool** 'kotən 'wul	
Wattestäbchen	**cotton buds** 'kotən bads	
Wimperntusche	**mascara** mä'ßkahrə	
Windeln	**(disposable) nappies** (diß'pousəbl) 'näpis	
Zahnbürste	**toothbrush** 'tuhθbrasch	
Zahnpasta	**toothpaste** 'tuhθpäißt	
Zahnseide	**dental floss** 'dentl 'floß	
Zahnstocher	**toothpicks** 'tuhθpikß	

HAUSHALT

Adapter	**adapter** ə'däptə
Alufolie	***tin/aluminium* foil** 'tin/'älə'minjəm 'foil
Batterie	**battery** 'bätri
Besen	**broom** bruhm
Bindfaden	**string** ßtring
Brennspiritus	**methylated spirits** 'meθileitid 'spiritß
Dosenöffner	***can/tin* opener** 'kän/'tin oupənə
Eimer	**bucket** 'bakət
Flaschenöffner	**bottle opener** 'botl_oupənə
Frischhaltefolie	**cling film** 'kling film
Gabel	**fork** fok

Glas	**glass, tumbler**	glahß, 'tamblə
Glühlampe	**light bulb**	'lait balb
Grill	**grill, barbecue**	gril, 'bahbikjuh
-kohle	**charcoal**	'tschahkoul
Insektenspray	**insect spray**	'inßekt ßpräi
Kerzen	**candles**	'kändls
Korkenzieher	**corkscrew**	'kokßkruh
Küchenpapier	**kitchen paper**	'kitschən päipə
Löffel	**spoon**	ßpuhn
Messer	**knife**	naif
Nähgarn	**sewing thread**	'ßouing θred
Nähnadel	**sewing needle**	'ßouing nihdl
Pappbecher	**paper cup**	'päipə 'kap
Pappteller	**paper plate**	'päipə 'pläit
Pfanne	**frying pan**	'fraiing pän
Reinigungsmittel	**cleaning materials**	'klihning 'mətiəriəls
Schere	**scissors** pl.	'ßisəs
Servietten	**serviettes**	ßövi'etß
Sicherheitsnadel	**safety pin**	'ßäifti pin
Spülbürste	**washing-up brush**	wɔsching'ap brasch
Spülmittel	**washing-up liquid, detergent**	
		wɔsching'ap 'likwid, di'tödschənt
Streichhölzer	**matches**	'mätschis
Taschenlampe	**torch**	tɔtsch
Taschenmesser	**pocket knife**	'pɔkit naif
Tasse	**cup**	kap
Tauchsieder	**immersion heater**	i'möschn hihtə
Teller	**plate**	pläit
Thermosflasche	**thermos flask**	'θömǝß flahßk

Topf	**pot, saucepan** pɔt, 'ßɔßpən
Verlängerungsschnur	**extension lead** ix'tenschn lihd
Wäscheklammern	**clothes pegs** 'klouðs pegs
Wäscheleine	**washing line** 'wɔsching lain
Waschmittel	**soap powder** 'ßoup paudə
Wecker	**alarm clock** ə'lahm klɔk
Wischlappen	**cloth** klɔθ

BEIM OPTIKER

Meine Brille ist kaputt.	**My glasses are broken.** mai 'glahßis_ə 'broukən.
Können Sie das reparieren?	**Can you repair this?** kən ju ri'peə ðiß?
Ich bin kurzsichtig/weitsichtig.	**I'm *shortsighted/longsighted*.** aim 'schɔt'ßaitəd/'lɔng'ßaitəd.
Ich möchte eine Sonnenbrille.	**I'd like a pair of sunglasses.** aid 'laik ə 'peər_əv 'ßanglahßis.
Ich habe eine Kontaktlinse *verloren/kaputtgemacht*.	**I've *lost/broken* a contact lens.** aiv lɔßt/'broukən_ə 'kɔntäkt lens.
Ich brauche *Aufbewahrungslösung/Reinigungslösung* für *harte/weiche* Kontaktlinsen.	**I need some *rinsing/cleaning* solution for *hard/soft* contact lenses.** ai 'nihd ßəm 'rinßing/'klihning ßəluhschn fə 'hahd/'ßɔft 'kɔntäkt lensis.

BEIM FRISEUR

Ich hätte gern einen Termin für …	**Could I have an appointment for …?** 'kud ai 'häv_ən_ə'pointmənt fə …?
? What are you having done? 'wɔt_ə ju häving 'dan?	Was wird bei Ihnen gemacht?
Ich möchte …	**I'd like …** aid 'laik …
mir die Haare schneiden lassen.	**a haircut.** _ə 'heəkat.
eine Dauerwelle.	**a perm.** _ə 'pöm.
Strähnchen.	**some highlights put in.** ßəm 'hailaitß put_in.
eine Tönung.	**my hair tinted.** mai 'heə 'tintid.
Bitte nur schneiden.	**Just a *trim/cut*, please.** 'dschaßt ə 'trim/'kat, plihs.
Schneiden, waschen und föhnen bitte.	**Cut and blow-dry, please.** 'kat_ən 'bloudrai, plihs.
? How would you like it? 'hau_wud_ju 'laik_it?	Wie hätten Sie's denn gern?
Nicht zu kurz, bitte.	**Not too short, please.** 'nɔt tuh 'schɔt, plihs.
Etwas kürzer, bitte.	**A bit shorter, please.** ə 'bit 'schɔtə, plihs.
Ganz kurz, bitte.	**A short crop, please.** ə 'schɔt 'krɔp, plihs.

Bitte nehmen Sie … etwas weg.	**Could you take some away…, please?** kud_ju 'täik ßəm_ə'wäi …, plihs?
hinten	**at the back** ət ðə 'bäk
vorne	**at the front** ət ðə 'frant
an den Seiten	**at the sides** ət ðə 'ßaids
oben	**on top** ɔn 'tɔp
Den Scheitel bitte *links/rechts*.	**The parting on the *left/right*, please.** ðə 'pahting_ɔn ðə '*left/'rait*, plihs.
Bitte schneiden Sie mir den Bart.	**Could you trim my beard, please?** kud_ju 'trim mai 'biəd, plihs?
Rasieren bitte.	**Just a shave, please.** 'dschaßt ə 'schäiv, plihs.
Vielen Dank, so ist es gut.	**Thanks, that's fine.** 'θänkß, ðätß 'fain.

Beim Friseur

Bart	**beard** biəd
blond	**blonde** blɔnd
braun	**brown** braun
Dauerwelle	**perm** pöm
färben	**to dye** tə dai
föhnen	**to blow-dry** tə 'bloudrai
grau	**grey** gräi
Haar	**hair** heə
trockenes -	**dry -** drai -
fettiges -	**greasy -** 'grihßi -
Haarspray	**hairspray** 'heəßpräi

Messerschnitt	**razor cut**	'räisə kat
Pony	**fringe**	frindsch
rötlich	**reddish**	'redisch
Schuppen	**dandruff** *sg.*, **scurf** *sg.*	'dändraf, ßköf
schwarz	**black**	bläk
Strähnchen	**highlights**	'hailaitß
Stufenschnitt	**layered cut**	'läiəd kat
Tönung	**tint**	tint
waschen	**to wash**	tə wɔsch

BILD UND TON

Ich hätte gern ... **I'd like ...** aid 'laik ...
  einen Film für diesen Apparat. **a film for this camera.** ə film fə ðiß 'kämrə.

  einen *Farbnegativfilm/ Schwarzweißfilm.* **a *colour (negative) film/black and white film.*** ə 'kalə ('negətiv) 'film/'bläk_ən wait 'film.

  einen Diafilm. **a slide film.** ə 'ßlaid film.
  einen Film mit 24/36 Aufnahmen. **a 24/36-exposure film.** ə 'twentifɔ/ 'θötißix_ix'pouschə 'film.
  einen Film mit ... ASA. **a ...-ASA film.** ə ...'äießäi 'film.

  eine Videokassette VHS. **a VHS video cassette.** ə 'viäitscheß 'vidiou kəßet.

Ich hätte gerne Batterien für diesen Apparat. **I'd like some batteries for this camera.** aid 'laik ßəm 'bätris fə ðiß 'kämrə.

Können Sie mir bitte den Film einlegen?	**Could you put the film in for me, please?** kud ju 'put ðə 'film_in fə mi, plihs?
Ich möchte diesen Film entwickeln lassen.	**I'd like this film developed.** aid 'laik ðiß 'film di'veləpt.
Bitte nur Negative.	**Negatives only, please.** 'negətivs_'ounli, plihs.
Von jedem Negativ bitte einen Abzug im Format ... mal ...	**A ... by ... print of each negative, please.** ə ... bai ... 'print_əv_'ihtsch 'negətiv, plihs.
Wann sind die Bilder fertig?	**When will the prints be ready?** 'wen wil ðə 'printß bi 'redi?
Können Sie meinen Fotoapparat reparieren?	**Can you repair my camera?** kən ju ri'peə mai 'kämrə?
Er transportiert nicht.	**It won't wind on.** it 'wount waind_'on.
Der Auslöser/ Das Blitzlicht funktioniert nicht.	***The shutter release/The flash* won't work.** ðə 'schatə rilihß/ðə 'fläsch wount 'wök.
Ich möchte gerne Passbilder machen lassen.	**I'd like to have some passport photos done.** aid 'laik tə 'häv ßəm 'pahßpot foutous 'dan.
Haben Sie ... von ...?	**Do you have any ... by ...?** du ju 'häv_eni ... bai ...?
Kassetten	cassettes kə'ßetß
CDs	CDs ßih'dihs

6

165

Ich interessiere mich für traditionelle *schottische/irische* Musik. Können Sie mir etwas empfehlen? **I'm interested in traditional *Scottish/Irish* music. Can you recommend anything?** aim 'intrəßtid_in trə'dischənəl 'ßkɔtisch/_'airisch 'mjuhsik. kən ju rekə'mend_eniθing?

Bild und Ton

belichten	**to expose**	tu ix'pous
Belichtungsmesser	**exposure meter**	ix'pouschə mihtə
Bild	**picture, photo**	'piktschə, 'foutou
Blitz	**flash(light)**	'fläsch(lait)
Camcorder	**camcorder**	'kämkodə
CD	**CD**	ßih'dih
Dia	**slide**	ßlaid
Diafilm	**slide film**	'ßlaid film
Farbfilm	**colour film**	'kalə 'film
filmen	**to film, to video**	tə film, tə 'vidiou
Fotoapparat	**camera**	'kämrə
Kassette	**cassette**	kə'ßet
Negativ	**negative**	'negətiv
Objektiv	**lens**	lenß
Radio	**radio**	'räidiou
Schwarzweißfilm	**black and white film**	'bläk_ən wait 'film
Selbstauslöser	**(self-)timer**	('ßelf)'taimə
Spiegelreflexkamera	**SLR camera**	eßel'ah kämrə
Teleobjektiv	**telephoto (lens)**	teli'foutou (lenß)
UV-Filter	**UV filter**	juh'vih filtə
Videokassette	**video cassette**	'vidiou kə'ßet

Videokamera	**video camera, camcorder** 'vidiou kəmrə, 'kəmkodə
Walkman (Wz.)	**walkman, personal stereo** 'wɔkmən, 'pößənəl 'ßteriou
Weitwinkelobjektiv	**wide-angle lens** 'waid_ängl 'lens
Zoomobjektiv	**zoom (lens)** 'suhm (lens)

LESEN UND SCHREIBEN

Haben Sie auch deutsche Zeitungen?	**Do you have German newspapers?** də ju 'häv 'dschömən 'njuhspäipəs?
Ich hätte gern eine Karte der Umgebung.	**I'd like a map of the area, please.** aid 'laik_ə 'mäp_əv ði 'eəriə, plihs.
Haben Sie deutsche Bücher?	**Do you have any German books?** də ju 'häv_eni 'dschömən 'bukß?
Haben Sie auch Briefmarken?	**Do you sell stamps, too?** də ju ßel 'ßtämpß 'tuh?

Lesen und Schreiben

Ansichtskarte	**postcard** 'poußtkahd
Bleistift	**pencil** 'penßl
Bilderbuch	**picture book** 'piktschə buk
Briefmarke	**(postage) stamp** ('poußtidsch) ßtämp
Briefpapier	**writing paper** 'raiting päipə
Briefumschlag	**envelope** 'envəloup
Buch	**book** buk
Comic-Heft	**Comic** 'kɔmik

Farbstift	**crayon** ˈkräiən
Geschenkpapier	**wrapping paper** ˈräping päipə
Illustrierte	**magazine** ˈmägəˈsihn
Klebstoff	**glue** gluh
Klebeband	**adhesive tape** ədˈhihßiv ˈtäip
Kochbuch	**cookery book** ˈkukəri buk
Kugelschreiber	**ballpoint pen** ˈbɔlpoint ˈpen
Malbuch	**colouring book** ˈkaləring buk
Papier	**paper** ˈpäipə
Radiergummi	**rubber, eraser** ˈrabə, iˈräisə
Reiseführer	**travel guide, guidebook** ˈträvl gaid, ˈgaidbuk
Stadtplan	**town plan** ˈtaun ˈplän
Straßenkarte	**road map** ˈroud mäp
Wanderkarte	**map of walks** ˈmäp_əv ˈwɔks
Wörterbuch	**dictionary** ˈdikschənri

TABAKWAREN

Eine Schachtel …
mit/ohne Filter, bitte.

A packet of … with/without filters, please. ə ˈpäkit_əv … ˈwið/wiˈðaut ˈfiltəs, plihs.

Eine Schachtel/
Eine Stange …, bitte.

A packet/A carton of …, please. ə ˈpäkit/ə ˈkahtən_əv …, plihs.

Eine Dose Pfeifentabak bitte.

A tin of pipe tobacco please. ə ˈtin_əv ˈpaip təˈbäkou, plihs.

Einmal Streichhölzer/
Ein Feuerzeug bitte.

Could I have *a box of matches/ a lighter*, please? kudˌai ˈhävˌə ˈbɔx_əv ˈmätschis/ə ˈlaitə, plihs?

Unterhaltung und Sport

„PACK DIE BADEHOSE EIN"

Am Strand

Gibt es in der Nähe einen Strand?	**Is there a beach near here?**	'is ðər_ə 'bihtsch niə hiə?
Wo geht es zum Strand?	**How do we get to the beach?**	'hau du wi 'get tə ðə 'bihtsch?
Wie *tief/warm* ist das Wasser?	**How *deep/warm* is the water?**	hau 'dihp/'wɔm is ðə 'wɔtə?
Gibt es hier Strömungen?	**Are there currents around here?**	'ah ðə 'karəntß_əraund hiə?
Wann ist *Ebbe/Flut*?	**When is *low/high* tide?**	'wen_is 'lou/'hai 'taid?
Ist es für Kinder gefährlich?	**Is it dangerous for children?**	'is_it 'däindschərəß fə 'tschildrən?
Gibt es hier Quallen?	**Are there jellyfish around here?**	'ah ðə 'dschelifisch_əraund hiə?
Wo kann man … ausleihen?	**Where can you hire …?**	'weə kän ju 'haiə …?
Ich möchte einen Liegestuhl ausleihen.	**I'd like to hire a deckchair.**	aid 'laik tə 'haiər_ə 'dektscheə.
Ich möchte Wasserski fahren.	**I'd like to waterski.**	aid 'laik tə 'wɔtəßkih.

170

Ich möchte einen *Tauchkurs/Windsurfkurs* machen.	**I'd like to do a *diving/windsurfing* course.** aid 'laik tə du ə 'daiving/ 'windßöfing koß.
Wieviel kostet es für *eine Stunde/einenTag*?	**How much is it for *an hour/a day*?** 'hau matsch_is_it fər_ən_'auə/_ə 'däi?
Würden Sie bitte kurz auf meine Sachen aufpassen?	**Would you mind keeping an eye on my things for a moment, please?** 'wud ju 'maind 'kihping ən_'ai_on mai 'θings fər_ə 'moumənt, plihs?

7

Im Schwimmbad

Welche Münzen brauche ich für *das Schließfach/den Haartrockner*?	**What coins do I need for the *lockers/hair-dryers*?** wot 'koins du ai 'nihd fə ðə 'lɔkəs/'heədraiəs?
Ich möchte … *ausleihen/kaufen* eine Badekappe ein Handtuch Schwimmflügel	**I'd like to *hire/buy* …** aid 'laik tə 'haiə/'bai … **a swimming cap.** ə 'ßwiming käp. **a towel.** ə 'tauəl **water wings.** 'wotə wings
Gibt es Schwimmunterricht für *Kinder/Erwachsene*?	**Are there swimming lessons for *children/adults*?** 'ah ðə 'ßwiming leßəns fə(r) 'tschildrən/ə'daltß?
Wo ist *der Bademeister/die Sanitätsstelle*?	**Where's the *pool attendant/first-aid-room*?** 'weəs ðə 'puhl_ə'tendənt/ fößt 'äid ruhm?

„Pack die Badehose ein"

Badeanzug	**swimming costume** 'ßwiming kɔßtjuhm
Badehose	**swimming trunks** *pl.* 'ßwiming trankß
Badekappe	**swimming cap** 'ßwiming käp
Bademeister	**pool attendant** 'puhl_ə'tendənt
baden	**to swim, to go swimming** tə ßwim, tə gou 'ßwiming
Bikini	**bikini** bi'kihni
Boot	**boat** bout
Bootsverleih	**boat hire** 'bout haiə
Dusche	**shower** 'schauə
Ebbe	**low tide** 'lou 'taid
fischen	**to fish, to go fishing** tə fisch, tə gou 'fisching
FKK-Strand	**nudist beach** 'njuhdißt bihtsch
Flut	**high tide** 'hai 'taid
Handtuch	**towel** 'tauəl
Kieselstrand	***pebble/shingle* beach** *'pebl/'schingl* bihtsch
Liegestuhl	**deckchair** 'dektscheə
Luftmatratze	**lilo, air mattress** 'lailou, 'eə mätrəß
Motorboot	**motorboat** 'moutəbout
Muscheln	**shells** schels
Nichtschwimmer	**non-swimmers** 'nɔn'ßwiməs
Planschbecken	**paddling pool** 'pädling puhl
Qualle	**jellyfish** 'dschelifisch
Rettungsring	**lifebelt** 'laifbelt
Ruderboot	**rowing boat** 'rouing bout

rudern	**to row, to go rowing**	tə rou, tə gou 'rouing
Sandstrand	**sandy beach**	'ßändi 'bihtsch
Schatten	**shade**	schäid
Schlauchboot	**dinghy**	'dingi
Schnorchel	**snorkel**	'ßnɔkl
Schwimmbad	**swimming pool**	'ßwiming puhl
schwimmen	**to swim, to go swimming**	tə ßwim, tə gou 'ßwiming
Schwimmflossen	**flippers**	'flipəs
Schwimmflügel	**water wings**	'wɔtə wings
Segelboot	**sailing boat**	'ßäiling bout
segeln	**to sail, to go sailing**	tə ßäil, tə gou 'ßäiling
Sonnenbrille	**sunglasses** *pl.*	'ßanglahßis
Sonnencreme	**sun cream, suntan lotion**	'ßan krihm, 'ßantän louschn
Sprungbrett	**diving board**	'daiving bɔd
Sprungturm	**diving platforms** *pl.*	'daiving plätfɔms
Strand	**beach**	bihtsch
Strömung	**current**	'karənt
Sturm	**gale**	gäil
-warnung	**gale warning**	'gäil wɔning
Surfbrett	**surfboard**	'ßöfbɔd
surfen	**to surf, to go surfing**	tə ßöf, tə gou 'ßöfing
tauchen	**to dive, to go diving**	tə daiv, tə gou 'daiving

Taucheranzug	**diving suit, wetsuit** 'daiving ßuht, 'wetßuht
Taucherausrüstung	**diving equipment** 'daiving ikwipmənt
Tauchermaske	**diving mask** 'daiving mahßk
tief	**deep** dihp
Tretboot	**pedalo** pə'dahlou
Umkleidekabine	**changing cubicle** 'tschäindsching kjuhbikl
Wasser	**water** 'wɔtə
-ball	**water polo** 'wɔtə poulou
-ski	**water ski** 'wɔtə ßkih
Welle	**wave** wäiv
Wellenbad	**wave pool** 'wäiv puhl
Wellenreiten	**surfing** 'ßöfing

➡ *Noch mehr Sport und Spiel (S. 176)*

DER BERG RUFT

Ich möchte eine …stündige Wanderung machen.	**I'd like to go on a …-hour walk.** aid 'laik tə 'gou_ɔn_ə …'auə 'wɔk.
Ich möchte *nach/auf den …*	**I'd like to *go to/climb* …** aid 'laik tə 'gou tu/'klaim …
Können Sie mir eine *leichte/mittelschwere* Tour empfehlen?	**Can you recommend *an easy/ a moderately difficult* tour?** 'kän ju rekə'mənd_ən_'ihsi/ə_'mɔdərətli 'difikəlt 'tuə?

174

Wie lange dauert sie ungefähr?	**How long will it take approximately?** hau 'lɔŋ wil_it 'täik_ə'prɔximətli?
Ist der Weg gut markiert/gesichert?	**Is the route *well marked/safe for walking*?** is ðə 'ruht *wel 'mahkt/'ßäif fə 'wɔking*?
Kann man unterwegs einkehren?	**Is there anywhere to eat en route?** is ðər_'eniweə tu_'iht_ɔn 'ruht?
Gibt es geführte Touren?	**Are there guided walks?** ah_ðə 'gaidəd 'wɔks?
Sind wir hier auf dem richtigen Weg nach …?	**Is this the right way to …?** is 'ðis ðə 'rait 'wäi tə …?
Wie weit ist es noch bis …?	**How far is it to …?** hau 'fahr_is_it tə …?

Der Berg ruft

Berg	**mountain** 'mauntən
-führer	**mountain guide** 'mauntən 'gaid
-schuhe	***mountain/climbing* boots** *'mauntən/'klaiming* buhtß
-wacht	**mountain rescue service** 'mauntən 'reßkjuh ßöviß
Hütte	**hut** hat
klettern	**to climb** tə klaim
Schlucht	**ravine** rə'vihn
schwindelfrei:	**to have a head for heights** tə häv ə 'hed fə 'haitß
- sein	

Seil	**rope** roup	
Steigeisen	**crampon** 'krämpən	
Tour	**(walking) tour, hike** ('wɔking) tuə, haik	
Wanderkarte	**map of walks** 'mäp_əv 'wɔkß	
wandern	**to walk, to hike** tə wɔk, tə haik	
Wanderschuhe	**walking shoes** 'wɔking schuhs	
Wanderweg	**hiking trail** 'haiking träil	
Weg	**route, path** ruht, pahθ	

NOCH MEHR SPORT UND SPIEL

Haben Sie *Spielkarten/ Gesellschaftsspiele*? **Do you have any *playing cards/ parlour games*?** də ju 'häv_eni *'pläiing kahds/'pahlə gäims*?

Treiben Sie irgendwelchen Sport? **Are you interested in any sports?** 'ah ju 'intrəßtid_in_eni 'ßpɔtß?

Spielen Sie Schach? **Do you play chess?** du ju pläi 'tscheß?

Welche Sportmöglichkeiten gibt es hier? **What kind of sports facilities are there here?** 'wɔt kaind_əv 'ßpɔtß fəßilitis_'ah_ðə hiə?

Ich möchte gerne einen …-Kurs machen. **I'd like to do a … course.** aid 'laik tə du_ə … kɔß.

Darf ich mitspielen? **Do you mind if I join in?** də ju 'maind_if_ai dschoin_'in?

Wir hätten gern einen *Tennisplatz/Squashcourt* für *eine/eine halbe* Stunde.	**We'd like to hire a *tennis court/squash court* for *an hour/half an hour*.** wid 'laik_tə 'haiər_ə 'teniß_kɔt/ 'ßkwɔsch_kɔt fə(r)_ən_'auə/ 'hahf_ən_'auə.
Ich möchte … ausleihen.	**I'd like to hire …** aid 'laik tə 'haiə(r)…

Sport, Spiel

Anfänger(in)	**beginner** bi'ginə
Angel	**fishing rod** 'fisching_rɔd
angeln	**to fish, to go *fishing/angling*** tə fisch, tə gou *'fisching/'ängling*
Angelschein	**fishing licence** 'fisching_laißnß
Ball	**ball** bɔl
Basketball	**basketball** 'bahßkətbɔl
Billard	**billiards,** *etwa:* **snooker** 'biljəds, 'ßnuhkə
Bowling	*(auf dem Rasen)* **bowls** bouls
Drachenfliegen	**hang-gliding** 'häng_glaiding
Eishockey	**ice hockey** 'aiß hɔki
Ergebnis	**score** ßkɔ
Fallschirmspringen	**parachute jumping** 'päreschuht dschamping
Fahrrad	**bicycle, bike** 'baißikl, baik
Fechten	**fencing** 'fenßing
Federball	**shuttlecock;** *(Spiel)* **badminton** 'schatlkɔk; 'bädmintən

Fußball	**football** 'futbɔl
-platz	**football pitch** 'futbɔl pitsch
-spiel	**football match** 'futbɔl mätsch
gewinnen	**to win** tə win
Gleitschirmfliegen	**paragliding** 'pärəglaiding
Golf	**golf** gɔlf
-platz	**golf course** 'gɔlf kɔß
-schläger	**golf club** 'gɔlf klab
Gymnastik	**exercises** *pl.*, **gymnastics** *pl.* 'exəßaisis, dschim'näßtikß
Halbzeit	**half-time** hahf'taim
Handball	**handball** 'händbɔl
Kajak	**kayak** 'kaiäk
Kanu	**canoe** kə'nuh
Kartenspiel	**game of cards** 'gäim_əv 'kahds
Kegelbahn	**bowling alley** 'bouling_äli
kegeln	**to bowl, to go bowling** tə boul, tə gou 'bouling
Köder	**bait** bäit
Kurs	**course** kɔß
Leichtathletik	**athletics** äθ'letikß
Mannschaft	**team** tihm
Meisterschaft	**championship** 'tschämpjənschip
Minigolfplatz	**crazy golf course** 'kräisi gɔlf kɔß
Pferderennen	**horse racing** 'hɔß räißing
Rad fahren	**to cycle, to go cycling** tə 'ßaikl, tə gou 'ßaikling
Radtour	**bicycle tour** 'baißikl tuə
Regatta	**regatta** ri'gätə

reiten	**to ride, to go (horse-)riding** tə raid, tə gou ('hɔß)'raiding
rudern	**to row** tə rou
Schachbrett	**chessboard** 'tscheßbɔd
-figuren	**chessmen** 'tscheßmen
Schiedsrichter	**referee;** *(Tennis)* **umpire** refə'rih; 'ampaiə
Schlittschuhlaufen	**ice-skating** 'aiß_ßkäiting
Sieg	**win, victory** win, 'wiktri
Sonnenbank	**sunbed** 'ßanbed
Spiel	**game** gäim
spielen	**to play** tə pläi
Spielkarten	**playing cards** 'pläiing kahds
Sport	**sport(s** *pl.***)** ßpɔt(ß)
sportlich	**sporty, athletic** 'ßpɔti, äθ'letik
Sportplatz	**sports ground** 'ßpɔtß graund
Squash	**squash** ßkwɔsch
Start	**start** ßtaht
Tennis	**tennis** 'teniß
-ball	**tennis ball** 'teniß bɔl
-platz	**tennis court** 'teniß kɔt
-schläger	**tennis racket** 'teniß räkit
Tischtennis	**table tennis** 'täibl teniß
Tor	**goal** goul
-wart	**goalkeeper, goalie** 'goulkihpə, 'gouli
Trainer	**trainer, coach** 'träinə, koutsch
-stunde	**coaching session** 'koutsching ßeschn
turnen	**to do gymnastics** tə du dschim'näßtikß
Umkleideräume	**changing rooms** 'tschäindsching ruhms

unentschieden: es war -	**it was a draw**	it wəs_ə 'drɔ
verlieren	**to lose**	tə luhs
Volleyball	**volleyball**	'vɔlibɔl
Wasserball	**water polo**	'wotə poulou
Wettkampf	**competition**	kɔmpə'tischn
Ziel	**finishing line**	'finisching lain

KULTUR UND FESTE

box bɔx		Loge
centre, middle 'ßentə, 'midl		Mitte
circle 'ßökl		Rang
dress circle 'dreß ßökl		erster -
upper circle 'apə 'ßökl		zweiter -
emergency exit i'mödschənßi exit		Notausgang
entrance 'entrənß		Eingang
exit 'exit		Ausgang
gallery 'gäləri		Galerie
left left		links
right rait		rechts
row rou		Reihe
seat ßiht		Platz
sold out 'ßould aut		ausverkauft
stalls *pl.* ßtɔls		Parkett

Welche Veranstaltungen finden *diese/nächste* Woche statt?	**What's on *this/next* week?** 'wɔtß_'ɔn ðiß/next 'wihk?
Haben Sie einen Veranstaltungskalender?	**Do you have a programme of events?** du ju 'häv_ə 'prougräm_əv i'ventß?
Was wird heute abend gespielt?	**What's on tonight?** 'wɔtß 'ɔn tə'nait?
Wo bekommt man Karten?	**Where can one get tickets?** weə kən wan get 'tikətß?
Wann beginnt *die Vorstellung/ das Konzert*?	**When does the *performance/concert* start?** 'wen dəs ðə pə'fɔmənß/'kɔnßət 'ßtaht?
Ab wann ist Einlass?	**When do the doors open?** 'wen du ðə 'dɔs_'oupən?
Sind die Plätze nummeriert?	**Are the seats numbered?** ah ðə 'ßihtß 'nambəd?
Kann man Karten reservieren lassen?	**Can one reserve tickets?** kän wan ri'söv 'tikətß?
Haben Sie noch Karten für *heute/morgen*?	**Do you have any tickets for *today/ tomorrow*?** də ju 'häv_eni 'tikətß fə tə'däi/tə'mɔrou?
Bitte *eine Karte/ zwei Karten* für … heute (Abend).	**One ticket/Two tickets for …, please.** 'wan 'tikət/'tuh 'tikətß fə …, plihs. ***today/tonight*** tə'däi/tə'nait

die Matinee.	**the matinée (performance)**	ðə ˈmätinäi (pəˈfomənß)
morgen.	**tomorrow**	təˈmɔrou
die Nachmittags- vorstellung.	**the matinée (performance)**	ðə ˈmätinäi (pəˈfomənß)
Wie viel kostet eine Karte?	**How much does a ticket cost?**	ˈhau matsch dəs_ə ˈtikət ˈkɔßt?
Gibt es eine Ermäßigung für …	**Are there concessions for …**	ˈah ðeə kənˈßeschəns fə …
Kinder?	**children?**	ˈtschildrən?
Senioren?	**senior citizens?**	ˈßinjə ˈßitisəns?
Studenten?	**students?**	ˈßtjuhdəntß?

INFO In manchen Opernhäusern gibt es an den Sitzen Operngläser, die man nach Eingeben einer 20-Pence-Münze ausleihen kann.

In London kann man für viele Musicals und Theaterstücke Karten zum halben Preis für Vorstellungen am gleichen Tag bekommen. Dazu muß man sich am offiziellen Kiosk am Leicester Square mit anderen Theaterhungrigen anstellen, aber das Warten lohnt sich meistens! Hüten Sie sich jedoch vor den Schwarzhändlern.

KULTUR UND FESTE

Abendkasse	**box office**	ˈbɔx_ɔfiß
Akt	**act**	äkt
Ballett	**ballet**	ˈbäläi

Bühnenbild	**(stage) set**	('ßtäidsch) ßet
Chor	**choir**	'kwaiə
Dirigent	**conductor**	kən'daktə
Eintrittskarte	**ticket**	'tikət
Film	**film**	film
Freilichtbühne	**open-air theatre**	'oupəneə 'θiətə
Garderobe	**cloakroom**	'kloukruhm
Hauptrolle	**leading role, lead**	'lihding 'roul, lihd
Kabarett	**cabaret**	'käbəräi
Kammermusik	**chamber music**	'tschäimbə mjuhsik
Kasse	**box office**	'bɔks_ɔfiß
Kino	**cinema**	'ßinəmə
Komponist(in)	**composer**	kəm'pousə
Konzert	**concert**	'kɔnßət
-saal	**concert hall, auditorium**	'kɔnßət hɔl, ɔdi'tɔriəm
Liederabend	**song recital**	'ßɔng ri'ßaitl
Musical	**musical**	'mjuhsikl
Musik	**music**	'mjuhsik
Oper	**opera**	'ɔpərə
Operette	**operetta**	ɔpə'retə
Orchester	**orchestra**	'ɔkəßtrə
Originalfassung	**original version**	ə'ridschinəl 'vöschn
Pause	**interval**	'intəvl
Platz	**seat**	ßiht
Premiere	**première, first night**	'premjeə, 'fößt 'nait
Programm(heft)	**programme**	'prougräm
Regisseur(in)	**director**	də'rektə
Sänger(in)	**singer**	'ßingə

7

Schauspieler	**actor**	'äktə
Schauspielerin	**actress**	'äktrəß
spielen	**to play;** *(Stück)* **to perform**	tə pläi, tə pə'fom
Spielfilm	**feature film**	'fihtschə film
synchronisiert	**dubbed**	dabd
Tänzer(in)	**dancer**	'dahnßə
Theater	**theatre**	'θiətə
-stück	**play**	pläi
Untertitel	**subtitle**	'ßabtaitl
Varieté	**variety show**	və'raiəti schou
Vorstellung	**performance**	pə'fomənß
Vorverkauf	**advance booking**	əd'vahnß 'buking
Zirkus	**circus**	'ßökəß

➡ *Noch mehr Sport und Spiel (S. 176)*

FERNSEHEN

Wo ist der Fernsehraum?
Where's the *television/TV* room? 'weəs ðə *'telivischn/'tih'vih* ruhm?

Was kommt heute abend im Fernsehen?
What's on TV tonight? 'wotß_on 'tih'vih tənait?

Bekommen Sie auch deutsche Sender?
Do you also get German programmes? də ju_'olßou get 'dschömən prougräms?

Haben Sie Satellitenempfang?
Do you have satellite TV? də ju 'häv 'ßätəlait tih'vih?

Sind Sie verkabelt?	**Do you have cable TV?** də ju 'häv 'käibl tih'vih?
Dürfte ich umschalten? Ich würde gerne *die Nachrichten/die Sendung* … sehen.	**Do you mind if I switch channels? I'd like to watch *the news/the … programme.*** də ju 'maind_if ai 'ßwitsch 'tschänls? aid 'laik tə 'wɔtsch ðə 'njuhs/ðə … prougräm.

ABENDS AUSGEHEN

7

Gibt es hier eine nette Kneipe?	**Is there a nice pub around here?** 'is ðər_ə 'naiß 'pab əraund hiə?
Wo kann man hier tanzen gehen?	**Where can you go dancing around here?** 'weə kən ju gou 'dahnßing əraund hiə?
Ist hier noch frei?	**Is this seat taken?** is 'ðiß ßiht 'täikən?

➡ *Info S. 66*

Kann man hier auch etwas essen?	**Do you serve refreshments?** də ju 'ßöv ri'freschməntß?
Haben Sie eine Getränkekarte?	**Could I see the wine list, please?** 'kud ai 'ßih ðə 'wain lißt, plihs?
Ein *Bier/Glas Wein*, bitte.	**A *beer/glass of wine*, please.** ə 'biə/'glahß_əv 'wain, plihs.
Das Gleiche noch einmal, bitte.	**Same again, please.** 'ßäim_ə'gen, plihs.

Was *möchten Sie/möchtest du* trinken?	**What would you like to drink?** 'wɔt wud_ju 'laik tə 'drink?
Darf ich *Sie/dich* zu … einladen?	**Can I buy you …?** kən ai 'bai_ju …?
Tanzen Sie/Tanzt du mit mir?	**Would you like this dance?** wud_ju 'laik ðiß 'dahnß?

Post und Bank

POST, TELEGRAMM, TELEFON

Briefe, Pakete, Päckchen

Wo ist *der nächste Briefkasten/das nächste Postamt*?	**Where's the nearest *letterbox/post office*?** 'weəs ðə niərəst 'letəbɔx/'pəʊstˌɔfiß?
Was kostet *ein Brief/eine Karte* ...	**How much is a *letter/postcard* ...** hau 'matsch_is_ə 'letə/'pəʊßtkahd ...
nach Deutschland?	**to Germany?** tə 'dschöməni?
nach Österreich?	**to Austria?** tu_'ɔßtriə?
in die Schweiz?	**to Switzerland?** tə 'ßwitßələnd?
Fünf Briefmarken zu ..., bitte.	**Five ...-pence stamps, please.** 'faiv ... penß 'ßtämpß, plihs.
Haben Sie auch Sondermarken?	**Do you have any special-issue stamps?** də ju 'häv_eni 'ßpeschl'ischjuh ßtämpß?
Diesen Brief/Dieses Päckchen ... bitte.	**I'd like to send this (*letter/packet*) ..., please.** aid 'laik tə 'ßend ðiß ('letə/'päkit) ..., plihs.
per Einschreiben	**recorded delivery** ri'kɔdid di'livəri
per Luftpost	**(by) airmail** (bai) 'eəmäil
per Express	**special delivery** 'ßpeschl di'livəri
Ich möchte ein Paket aufgeben.	**I'd like to send a parcel.** aid 'laik tə 'ßend_ə 'pahßl.
Wo ist der Schalter für postlagernde Sendungen?	**Where's the poste restante counter?** 'weəs ðə 'pəʊßt re'ßtahnt kauntə?

| Haben Sie Post für mich? | **Is there any mail for me?** 'is ðər_'eni 'mäil fə mih? |

Der Draht nach Hause

| Kann ich bei Ihnen ein Telegramm aufgeben? | **Can I send a telegram from here?** kən_ai 'ßend_ə 'teləgräm fr̥om hiə? |

| Geben Sie mir bitte ein Telegrammformular. | **Could I have a telegram form, please?** 'kud_ai 'häv_ə 'teləgräm fom, plihs? |

| Können Sie für mich ein Telefax senden? | **Can you send a fax for me?** 'kän ju 'ßend_ə 'fäx fo mih? |

INFO Telefonieren in Großbritannien

Die meisten Telefonapparate in Großbritannien sind inzwischen Kartentelefone (durch die Aufschrift „Phonecard" gekennzeichnet). Karten bekommt man u.a. bei Zeitungshändlern und bei der Post. Beachten Sie aber bitte, daß es zwei Haupttelefongesellschaften gibt, nämlich British Telecom (BT) und Mercury, für die man verschiedene Karten braucht.

Münztelefone sind etwas komplizierter zu handhaben:

1. Halten Sie genügend Münzen bereit (10 Pence, 50 Pence bzw. 1 Pfund). Heben Sie den Hörer ab und warten Sie, bis Sie den Freiton hören.
2. Wählen Sie die Nummer.
3. Wenn am anderen Ende abgehoben wird, hören Sie die Stimme ganz kurz, bevor sie von kurzen Tönen unterbrochen wird. Sie müssen nun schnell eine Münze einwerfen (kräftig drücken!), damit die Verbindung erhalten bleibt.

In Großbritannien werden beim Abheben des Telefons meistens

nur die Nummer bzw. der Ort und die Nummer angegeben (z. B. Stockton 6 74 39). Im Geschäftsbereich wird die Firma und eventuell auch der Personenname (Vor- und Nachname) genannt. Man meldet sich nie, wie in den deutschsprachigen Ländern, nur mit dem Nachnamen.

Wo kann ich hier telefonieren?	**Where can I make a phone call around here?** 'weə kən_ai 'mäik ə 'foun kɔl_əraund hiə?	
Wo bekomme ich eine Telefonkarte?	**Where can I get a phonecard?** 'weə kən_ai get ə 'founkahd?	
Entschuldigung, ich brauche Münzen zum Telefonieren.	**Excuse me, could you give me some change to make a phone call?** ix'kjuhs mi, 'kud ju 'giv mi ßəm 'tschäindsch tə mäik ə 'foun kɔl?	
Können Sie mir diesen Schein wechseln?	**Can you change this note for me?** kən ju 'tschäindsch ðiß 'nout fə mih?	
Was kostet ein 3-minütiges Gespräch nach Deutschland?	**How much is a 3-minute call to Germany?** 'hau matsch_is_ə 'θrihminit kɔl tə 'dschömənı?	
Wie ist die Vorwahl von …?	**What's the code for …?** 'wɔtß ðə 'koud fə …?	

!	**The line is *engaged/out of order.*** ðə 'lain_is_in'gäidschd/_aut_əv 'ɔdə.	Die Leitung ist *besetzt/gestört.*
!	**There's no reply.** ðəs 'nou ri'plai.	Es meldet sich niemand.

Post, Telegramm, Telefon

Absender	**sender**	'ßendə
Adresse	**address**	ə'dreß
Ansichtskarte	**postcard**	'poußtkahd
aufgeben	**to send**	tə ßend
Auslandsgespräch	**international call**	intə'näschənəl 'kɔl
besetzt	**engaged**	in'gäidschd
Brief	**letter**	'letə
-kasten	**letterbox**	'letəbɔx
-marke	**stamp**	ßtämp
-markenautomat	**stamp machine**	'ßtämp mə'schihn
Eilbrief	**express letter**	ix'preß 'letə
Empfänger	**addressee**	'ädre'ßih
Gebühr	**charge**	tschahdsch
Kartentelefon	**cardphone**	'kahdfoun
Luftpost per -	**(by) airmail**	(bai)_'eəmäil
Münztelefon	**payphone**	'päifoun
Nachnahme	**COD, cash on delivery**	ßiou'dih, 'käsch_ɔn di'livəri
Nachttarif	**cheap rate**	'tschihp räit
Päckchen	**packet**	'päkit
Paket	**parcel**	pahßl
-karte	**parcel form**	'pahßl fɔm
Post(amt)	**post office**	'poußt_ɔfiß
postlagernd	**poste restante**	'poußt re'ßtahnt
Postsparbuch	**post office savings book**	'poußt_ɔfiß 'ßäivings buk
R-Gespräch	**reversed charge call**	rə'vößt 'tschahdsch kɔl

8

Schalter	**counter** 'kauntə
schicken	**to send** tə ßend
Telefax	**fax** fäx
Telefon	**(tele)phone** ('telə)foun
-buch	**telephone directory** 'teləfoun də'rektri
-karte	**phonecard** 'founkahd
-zelle	**(tele)phone box** ('telə)foun bɔx
telefonieren	**to make a phone call** tə 'mäik_ə 'foun kɔl
Telegramm	**telegram** 'teləgräm
verbinden	**to put (*someone*) through** tə 'put (ßamwan) 'θruh
Vermittlung	**telephone exchange** 'teləfoun ix'tschäindsch
Vorwahl	**dialling code** 'daiəling koud
Wertpaket	**registered parcel** 'redschißtəd 'pahßl
Zollerklärung	**customs declaration** 'kaßtəms deklə'räischn

GELDANGELEGENHEITEN

INFO Wundern Sie sich nicht, wenn man an den Ladenkassen Ihre Geldscheine gegen das Licht hält, um zu prüfen, ob sie echt sind. Das ist hierzulande ganz üblich und wird sogar von den Angestellten verlangt. Besonders bei £50-Scheinen ist man skeptisch!

Banken haben in der Regel von 9.30 bzw. 10.00 Uhr bis 16.30 Uhr offen, am Donnerstag manchmal eine Stunde länger. Bargeld bekommt man mit einer Eurocheque- oder Kreditkarte auch an den mit dem entsprechenden Symbol gekennzeichneten Geldautomaten.

Wo kann ich Geld wechseln?	**Where can I exchange some money?** 'weə kən_ai ix'tschäindsch ßəm 'mani?
Wie hoch sind die Gebühren?	**What's the commission charge?** 'wɔtß ðə kə'mischn tschahdsch?
Wie lange ist die Bank geöffnet?	**What time does the bank close?** 'wɔt 'taim dəs ðə bänk 'klous?
Ich möchte … in Pfund umtauschen. DM Schilling Schweizer Franken	**I'd like to change … into pounds.** aid 'laik tə tschäindsch … intu 'paunds. **deutschmarks** 'doitschmahks **Austrian shillings** 'ɔßtriən 'schilings **Swiss francs** ßwiß 'fränkß
Ich habe mir telegrafisch Geld überweisen lassen. Ist es schon da?	**I've had some money wired to me. Could you tell me if it's arrived yet?** aiv 'häd ßəm 'mani waiəd tə mi. kud_ju 'tel mi_if_itß_ə'raivd jet?
Kann ich mit meiner Kreditkarte Bargeld bekommen?	**Can I use my credit card to get cash?** kän_ai 'juhs mai 'kredit kahd tə get 'käsch?
Ich möchte Geld von meinem Postsparbuch abheben.	**I'd like to withdraw some money from my post office savings book.** aid 'laik tə wið'drɔ ßəm 'mani frəm mai 'pouß_ɔfiß 'ßäivings buk.

8

Ich möchte einen *Eurocheque/Reisescheck* einlösen.	**I'd like to cash a *Eurocheque/traveller's cheque.*** aid 'laik tə 'käsch_ə 'juəroutschek/'trävələs tschek.
Was ist der Höchstbetrag?	**What's the *limit/maximum* amount?** wɔtß ðə *'limit/'mäximəm_ə'maunt*?
? Ihre Eurochequekarte, bitte.	**Could I see your Eurocheque card, please?** 'kud ai 'ßih jɔ 'juəroutschek kahd plihs?
? Ihren *Pass/Personalausweis*, bitte.	**Do you have any identification?** du ju 'häv eni ai'dentifi'keischn?
? Unterschreiben Sie bitte hier.	**Would you sign here, please?** wud_ju 'ßain 'hiə, plihs?
? Wie möchten Sie das Geld haben?	**How would you like it?** 'hau_wud ju 'laik_it?
In kleinen Scheinen, bitte.	**In small notes, please.** in 'ßmɔl noutß, plihs.
Geben Sie mir bitte auch etwas Kleingeld.	**Could you give me some small change as well, please?** kud_ju 'giv mi ßəm 'ßmɔl tschäindsch_əs_'wel, plihs?

Geldangelegenheiten

abheben	**to withdraw** tə wið'drɔ
Bank	**bank** bänk
-konto	**bank account** 'bänk_əkaunt
-leitzahl	**bank code** 'bänk koud

-überweisung	**cash transfer** 'käsch 'tränßfö
bar	**cash** käsch
Bargeld	**cash** käsch
Betrag	**amount** ə'maunt
D-Mark	**deutschmarks** 'doitschmahkß
einzahlen	**to pay in** tə 'päi_'in
Euroscheck	**Eurocheque** 'juəroutschek
-karte	**Eurocheque card** 'juəroutschek kahd
Gebühr	**commission (charge)** kə'mischn (tschahdsch)
Geheimzahl	**PIN number** 'pin nambə
Geld	**money** 'mani
-automat	**cash dispenser** 'käsch dißpenßə
-schein	**banknote** 'bänknout
Kartennummer	**card number** 'kahd nambə
Kreditkarte	**credit card** 'kredit kahd
Kurs	**exchange rate** ix'tschäindsch räit
Münze	**coin** koin
Quittung	**receipt** ri'ßiht
Reisescheck	**traveller's cheque** 'trävələs tschek
Schalter	**counter, desk** 'kauntə, deßk
Scheck	**cheque** tschek
-karte	**cheque card** 'tschek kahd
Schein	**(bank)note** ('bänk)nout
Schilling	**Austrian shillings** 'ostriən 'schilings
Schweizer Franken	**Swiss Francs** 'swiß 'fränkß
Sparbuch	**savings book** 'ßäivings buk
Überweisung	**transfer** 'tränßfö

8

unterschreiben	**to sign** tə ßain
Unterschrift	**signature** 'ßignətschə
Währung	**currency** 'karənßi
Wechselkurs	**exchange rate** ix'tschäindsch räit
wechseln	**to (ex)change** tə_(ix)'tschäindsch
Wechselstube	**bureau de change** 'bjuərou də 'schandsch
Zahlung	**payment** 'päimənt

Im Ernstfall

GESUNDHEIT

Information

Können Sie mir ... empfehlen?	**Can you recommend ...**	'kän ju rekə'mend_...?
einen Kinderarzt	**a paediatrician?**	ə 'pihdiə'trischn?
einen praktischen Arzt	**a GP?**	ə 'dschih'pih?
einen Zahnarzt	**a dentist?**	ə 'dentißt?
Spricht er Deutsch?	**Does he speak German?**	'das hi ßpihk 'dschömən?
Wann hat er Sprechstunde?	**When are his surgery hours?**	'wen_ə his 'Bödscheri_auəs?
Kann er herkommen?	**Can he come here?**	'kän hi kam 'hiə?
Mein Mann/ Meine Frau ist krank.	**My *husband/wife* is sick.**	mai 'hasbənd/'waif_is 'ßik.
Rufen Sie bitte einen *Krankenwagen/Notarzt*!	**Please call *an ambulance/a doctor*!**	plihs kɔl_*ən*_'ämbjulənß/ə 'doktə!
Wohin bringen Sie *ihn/sie*?	**Where are you taking *him/her*?**	'weər_ə ju 'täiking *him/hö*?
Ich möchte mitkommen.	**I'd like to come as well.**	aid 'laik tə kam_əs_'wel.
Wo ist die nächste Apotheke (mit Nachtdienst)?	**Where's the nearest (duty) chemist?**	'weəs ðə niərəßt ('djuhti) 'kemißt?

Apotheke

Haben Sie etwas gegen …?	**Do you have anything for …?**	də ju 'häv_eniθing fə …?

⇨ *Krankheiten, Arzt, Krankenhaus (S. 211)*

Wie muss ich es einnehmen?	**How should I take it?**	'hau schud_ai 'täik_it?
Ich brauche dieses Medikament.	**I need *this medicine/these tablets*.**	ai nihd *'ðiß 'medßn/'ðihs 'täblətß*.

> **!** **You need a prescription for this medicine.** ju 'nihd_ə pri'ßkripschn fə ðiß 'medßn.
> Dieses Medikament ist rezeptpflichtig.

> **!** **I'm afraid we haven't got that.** aim_ə'fräid wi 'hävnt 'got ðät.
> Das haben wir nicht da.

Wann kann ich es abholen?	**When can I pick it up?**	'wen kən_ai 'pik_it_'ap?

Art der Anwendung

dissolve on the tongue	im Munde zergehen lassen
for external use only	nur zur äußerlichen Anwendung
insert through the rectum	rektal einführen
internal	innerlich

may cause drowsiness	kann zu Müdigkeit führen
on an empty stomach	auf nüchternen Magen
side effects	Nebenwirkungen
take after food	nach dem Essen einnehmen
take before food	vor dem Essen einnehmen
three times a day	dreimal täglich
to be swallowed whole, unchewed	unzerkaut einnehmen
to be taken as directed	nach Anweisung des Arztes

Apotheke

Abführmittel	**laxative**	'läxətiv
Antibabypille	**contraceptive pill**	kəntrə'ßeptiv 'pil
Antibiotikum	**antibiotic**	'äntibai'ɔtik
Apotheke	**chemist**	'kemißt
Augentropfen	**eye drops**	'ai drɔpß
Baldrian	**valerian**	və'liəriən
Beruhigungsmittel	**tranquillizer**	'trənkwilaisə
Damenbinde	**sanitary towel**	'ßänitri 'tauəl
Elastikbinde	**elasticated bandage**	i'läßtikäitid 'bändidsch
fiebersenkendes Mittel	**something to bring down the fever**	'ßamθing tə 'bring daun ðə 'fihvə
Fieberthermometer	**thermometer**	θə'mɔmətə
Halsschmerztabletten	**throat pastilles**	'θrout päßtəls
homöopathisch	**homeopathic**	'houmiou'päθik
Hustensaft	**cough mixture**	'kɔf mixtschə

Internist	**internist, internal specialist** inˈtönißt, inˈtönl ˈßpeschlißt
Jod	**iodine** ˈaiədihn
Kohletabletten	**charcoal tablets** ˈtschahkoul təblətß
Kondome	**condoms** ˈkɔndəms
Kopfschmerztabletten	**headache pills** ˈhedäik pils
Kreislaufmittel	**circulatory stimulant** ßökjuˈläitəri ˈßtimjulənt
Magentabletten	**indigestion tablets** indiˈdscheßtschən ˈtäblətß
Mittel gegen …	**something for …** ˈßamθing fə …

➡ *Krankheiten, Arzt, Krankenhaus (S. 211)*

Mullbinde	**gauze bandage** ˈgɔs ˈbändidsch
Nachtdienst	**night duty** ˈnait djuhtih
Nasentropfen	**nose drops** ˈnous drɔpß
Ohrentropfen	**ear drops** ˈiə drɔpß
Orthopäde	**orthopaedist** ɔθəˈpihdißt
Pflaster	**plaster** ˈplahßtə
Puder	**powder** ˈpaudə
Rezept	**prescription** priˈßkripschn
rezeptpflichtig: -es Mittel	**prescription medicine** priˈßkriptschən ˈmedßn
Salbe	**ointment** ˈɔintmənt
- gegen Mückenstiche	**- for mosquito bites** - fə mɔßˈkihtou baitß
- gegen Sonnenallergie	**- for sun allergy** - fə ˈßan_älədschi

9

201

- gegen Sonnenbrand	**- for sunburn** - fə 'ßanbön
Schlaftabletten	**sleeping *tablets/pills*** 'ßlihping *täblətß/pils*
Schmerzmittel	**painkiller** 'päinkilə
Spritze	**injection** in'dschekschn
Tablette	**tablet, pill** 'täblət, pil
Tampons	**tampons** 'tämpɔns
Tropfen	**drops** drɔpß
Verbandzeug	**first-aid kit** fößt'äid kit
Watte	**cotton wool** 'kɔtən 'wul
Wundsalbe	**(antiseptic) ointment** (änti'ßeptik)_'ointmənt
Zäpfchen	**suppository** ßə'pɔsitri

Beim Arzt

INFO Ausländer werden in Großbritannien unter dem „National Health Service" kostenlos behandelt, wobei die Vorlage eines Krankenscheins die bürokratische Abwicklung erleichtert. Private Behandlung gibt es natürlich nicht umsonst, deshalb sollten sich privat Versicherte eine Rechnung über Arzt- bzw. Krankenhauskosten geben lassen, um sie der Versicherung im Heimatland vorzulegen.

Rezeptgebühren sind relativ hoch: Sie liegen zur Zeit bei £ 4.75.

Ich bin (stark) erkältet.	**I've got a (bad) cold.** aiv 'gɔt_ə ('bäd) 'kould.
Ich habe … Durchfall.	**I've got …** aiv gɔt … **diarrhoea.** daiə'riə.

(hohes) Fieber.	**a (very high) temperature.** _ə ('veri 'hai) 'temprətschə.
Ich habe Verstopfung.	**I'm suffering from constipation.** aim 'ßafring frəm kɔnßti'päischn.
Ich fühle mich nicht wohl.	**I don't feel well.** ai 'dount fihl 'wel.
Mir *tun/tut*... weh.	**My ... hurt(s).** mai ... höt(ß).

➡ *Körperteile und Organe (S. 208)*

Hier habe ich Schmerzen.	**It hurts here.** it 'hötß 'hiə.
Ich habe mich (mehrmals) übergeben.	***I've been vomiting./I've been sick (several times).*** aiv bin 'vomiting./aiv bin 'ßik ('ßevərəl 'taims).
Ich habe mir den Magen verdorben.	**My stomach is upset.** mai 'ßtamək_ is_ap'ßet.
Ich kann ... nicht bewegen.	**I can't move ...** ai 'kahnt 'muhv ...

➡ *Körperteile und Organe (S. 208)*

Ich habe mich verletzt.	**I've hurt myself.** aiv 'höt maißelf.
Ich bin gestürzt.	**I've had a fall.** aiv 'häd_ə 'fɔl.
Ich bin von ... *gestochen/gebissen* worden.	***I've been stung/bitten by ...*** aiv bin 'ßtang/'bitn bai ...

9

Was Ihr Arzt unbedingt wissen muss

Ich bin (nicht) gegen … geimpft.	**I'm (not) vaccinated against …** aim ('nɔt) 'väkßinäitid_əgɛnßt …
Meine letzte Tetanusimpfung war vor ca. … Jahren.	**I had my last tetanus injection about … years ago.** ai 'häd mai 'lahßt 'tetənəs_indschekschn_əbaut … 'jiəs_əgou.
Ich bin allergisch gegen Penizillin.	**I'm allergic to penicillin.** aim_ə'lödschik tə peni'ßilin.
Ich habe … einen *hohen/niedrigen* Blutdruck. einen Herzschrittmacher.	**I've got …** aiv gɔt … ***high/low* blood pressure.** *'hai/'lou* 'blad preschə. **a pacemaker.** _ə 'päißmäikə.
Ich bin im … Monat schwanger.	**I'm … months pregnant.** aim … manθß 'pregnənt.
Ich bin *Diabetiker/HIV-positiv*.	**I'm *diabetic/HIV-positive*.** aim daiə'betik/äitschai'vih'pɔsitiv.
Ich nehme regelmäßig diese Medikamente.	**I take *these tablets/this medicine* regularly.** ai 'täik *'ðihs 'täblətß/ðiß 'medßn* 'regjuləli.

Vom Arzt werden Sie hören

What can I do for you? 'wɔt kən_ai 'duh fə ju?	Was für Beschwerden haben Sie?

Where is the pain? 'weər_is ðə 'päin?	Wo haben Sie Schmerzen?
Does that hurt? dəs ðät 'höt?	Ist das unangenehm?
Open your mouth, please. 'oupən jɔ 'mauθ, plihs.	Öffnen Sie den Mund.
Show me your tongue. 'schou mi jɔ 'tang.	Zeigen Sie die Zunge.
Cough, please. 'kɔf, plihs.	Husten Sie.
Would you *get undressed*/*strip down o the waist*, please. wud_ju 'get an'dreßt/'ßtrip daun tə ðə 'wäißt, plihs.	Bitte machen Sie *sich*/*den Oberkörper* frei.
Would you roll up your sleeve, please. wud ju 'roul_ap jɔ 'ßlihv, plihs.	Bitte machen Sie den Arm frei.
Breathe deeply. Hold your breath. 'brihð 'dihpli. 'hould_jɔ 'breθ.	Atmen Sie tief. Atem anhalten.
How long have you had this complaint? 'hau lɔng häv_ju 'häd ðiß kəm'pläint?	Wie lange haben Sie diese Beschwerden schon?
Are you vaccinated against …? 'ah ju 'väkßinäitəd_ə'genßt …?	Sind Sie gegen … geimpft?
We'll have to X-ray you. wihl 'häv_tu_'exräi ju.	Wir müssen Sie röntgen.

9

… is *broken/sprained*.
… is ˈbroukən/ˈßpräind.

You've pulled a *muscle/ligament*.
juv ˈpuld_ə ˈmaßl/ˈligəmənt.

I'll need a *blood/urine* sample.
ail ˈnihd_ə ˈblad/ˈjuərin ßampl.

You'll have to have an operation.
jul ˈhäv_tə häv_ən_ɔpəˈräischn.

I'll have to refer you to a specialist. ail ˈhäv tə rəˈfö ju tu_ə ˈßpeschəlißt.

You need a few days' rest in bed.
ju nihd ə ˈfjuh däis ˈreßt_in ˈbed.

It's nothing serious. itß ˈnaθing ˈßiəriəß.

Take … *tablets/drops* … times a day. täik … ˈtäblətß/ˈdrɔpß … taims_ə ˈdäi.

Come back *tomorrow/in* … days' time. kam ˈbäk təˈmɔrou/_in … däis ˈtaim.

… ist *gebrochen/ verstaucht*.

Sie haben eine *Muskelzerrung/Bänderzerrung*.

Ich brauche eine *Blutprobe/Urinprobe*.

Sie müssen operiert werden.

Ich muss Sie an einen Facharzt überweisen.

Sie brauchen einige Tage Bettruhe.

Es ist nichts Ernstes.

Nehmen Sie davon … mal täglich … *Tabletten/Tropfen*.

Kommen Sie *morgen/in* … *Tagen* wieder.

Bevor Sie die Praxis verlassen

Ist es schlimm?	**Is it bad?**	is_it 'bäd?
Können Sie mir ein Attest ausstellen?	**Can you give me a doctor's certificate?** kən ju 'giv mi_ə 'dɔktəs ßə'tifikət?	
Muss ich noch einmal kommen?	**Do I have to come back?** du_ai 'häv tə kəm 'bäk?	
Geben Sie mir bitte eine Quittung für meine Versicherung.	**Could you give me a receipt for my medical insurance?** kud_ju 'giv mi_ə rə'ßiht fə mai 'medikl_in'schuərənß?	

Im Krankenhaus

Gibt es hier jemanden, der Deutsch spricht?	**Is there anyone here who can speak German?** is ðər_'eniwan 'hiə hu kən 'ßpihk 'dschömən?
Ich möchte mit einem Arzt sprechen.	**I'd like to speak to a doctor** aid 'laik tə 'ßpihk tu_ə 'dɔktə.

➡ *Beim Arzt (S. 202)*

Wie lautet die Diagnose?	**What's the diagnosis?** 'wɔtß ðə daiə'gnoußiß?
Ich möchte mich lieber in Deutschland operieren lassen.	**I'd rather have the operation in Germany.** aid 'rahðə häv ði_ɔpə'räischn_in 'dschöməni.

Ich habe eine Versicherung für den Rücktransport.	**I'm insured for repatriation expenses.** aim_in'shuəd fə 'rihpätri'äischn_ixpenßis.
Bitte benachrichtigen Sie meine Familie.	**Would you please let my family know.** wud_ju 'plihs let mai 'fämli nou.
Kann ich ein Einzelzimmer bekommen?	**Can I have a private room?** kən_ai 'häv_ə 'praivət 'ruhm?
Wie lange muss ich noch hierbleiben?	**How much longer do I have to stay here?** 'hau matsch 'longə du_ai 'häv tə 'ßtäi hiə?
Wann darf ich aufstehen?	**When can I get out of bed?** 'wen kən_ai 'get_aut əv 'bed?
Geben Sie mir bitte etwas *gegen die Schmerzen/zum Einschlafen.*	**Could you give me *a painkiller/something to get to sleep*?** kud_ju 'giv mi_ə 'päinkilə/'ßamθing tə 'get tə 'ßlihp?
Bitte entlassen Sie mich (auf eigene Verantwortung).	**I'd like to be discharged (at my own risk).** aid 'laik tə bi diß'tschahdschd_(ət mai_'oun 'rißk).

Körperteile und Organe

Arm	**arm** ahm
Auge	**eye** ai
Bandscheibe	**disc** dißk
Bauch	**abdomen** 'äbdəmən
Becken	**pelvis** 'pelviß

Bein	**leg** leg
Blase	**bladder** 'blädə
Blinddarm	**appendix** ə'pendix
Bronchien	**bronchial tubes** 'brɔnkjəl 'tjuhbs
Brust	**chest;** (*Busen*) **breast** tscheßt; breßt
-korb	**rib cage, thorax** 'rib käidsch; 'θɔräx
Darm	**intestine** in'teßtin
Daumen	**thumb** θam
Ellbogen	**elbow** 'elbou
Ferse	**heel** hihl
Finger	**finger** 'fingə
Fuß	**foot** fut
Galle	**gall bladder** 'gɔl blädə
Gelenk	**joint** dschoint
Geschlechtsorgane	**genitals** 'dschenitls
Gesicht	**face** fäiß
Hals	**throat;** (*Nacken*) **neck** θrout; nek
Hand	**hand** händ
-gelenk	**wrist** rißt
Haut	**skin** ßkin
Herz	**heart** haht
Hoden	**testicle** 'teßtikl
Hüfte	**hip** hip
Kiefer	**jaw** dschɔ
Kinn	**chin** tschin
Knie	**knee** nih
-scheibe	**kneecap** 'nihkäp
Knöchel	**ankle** 'änkl
Knochen	**bone** boun

9

Kopf	**head** hed
Körper	**body** 'bɔdi
Leber	**liver** 'livə
Lippe	**lip** lip
Lunge	**lung(s** *pl.***)** lang(s)
Magen	**stomach** 'ßtamək
Mandeln	**tonsils** 'tɔnßels
Mund	**mouth** mauθ
Muskel	**muscle** 'maßl
Nacken	**neck** nek
Nase	**nose** nous
Nerv	**nerve** növ
Niere	**kidney** 'kidni
Oberkörper	**upper part of the body, chest** 'apə paht_əv ðə 'bɔdi, tscheßt
Oberschenkel	**thigh** θai
Ohr	**ear** iə
Penis	**penis** 'pihniß
Rippe	**rib** rib
Rücken	**back** bäk
Scheide	**vagina** və'dschainə
Schienbein	**shin(bone)** 'schin(boun)
Schilddrüse	**thyroid (gland)** 'θairoid ('gländ)
Schläfe	**temple** 'templ
Schlüsselbein	**collarbone** 'kɔləboun
Schulter	**shoulder** schouldə
Sehne	**tendon** 'tendən
Stirn	**forehead** 'fɔrəd
-höhle	**(frontal) sinus** ('frantl) 'ßainəß

Trommelfell	**eardrum** 'iədram
Unterleib	**abdomen** 'äbdəmən
Unterschenkel	**lower leg** 'louə 'leg
Wade	**calf** kahf
Wange	**cheek** tschihk
Wirbel	**vertebra** 'vötəbrə
-säule	**spine** ßpain
Zahn	**tooth** tuhθ
Zehe	**toe** tou
Zunge	**tongue** tang

Krankheiten, Arzt, Krankenhaus

Abszess	**abscess** 'äbßeß
Allergie	**allergy** 'älədschi
Angina	**tonsillitis** 'tɔnßi'laitiß
ansteckend	**infectious** in'fekschəß
Arzt	**doctor** 'dɔktə
Arzt, praktischer	**general practitioner** 'dschenərəl präk'tischənə
Ärztin	**(lady) doctor** ('läidi) 'dɔktə
Asthma	**asthma** 'äßmə
Atembeschwerden:	
- haben	**have difficulty breathing** häv 'difikəlti 'brihðing
Attest	**certificate** ßə'tifikət
aufstehen	**to get out of bed** tə 'get_aut_əv 'bed
Augenarzt	**eye specialist** 'ai ßpeschəlißt
Ausschlag	**rash** räsch
Bänderriss	**torn ligament** 'tɔn 'ligəmənt

9

Bindehautentzündung	**conjunctivitis** kən'dschankti'vaitiß
Biss	**bite, sting** bait, ßting
Blase (*Brandblase etc.*)	**blister** 'blißtə
Blasenentzündung	**cystitis** ßiß'taitiß
Blinddarmentzündung	**appendicitis** ə'pendi'ßaitiß
Blut	**blood** blad
-erguss	**haematoma;** (*blauer Fleck*) **bruise** hihmə'toumə; bruhs
-gruppe	**blood group** 'blad gruhp
-probe	**blood test** 'blad teßt
-transfusion	**blood transfusion** 'blad trənß'fjuhschn
-vergiftung	**blood poisoning** 'blad poisəning
Blutdruck	**blood pressure** 'blad preschə
zu hoher -	**high blood pressure** 'hai 'blad preschə
zu niedriger -	**low blood pressure** 'lou 'blad preschə
Blutung	**bleeding;** (*stark*) **haemorrhage** 'blihding; 'hemərridsch
Brechreiz	**nausea** 'nɔsiə
Bronchitis	**bronchitis** brɔn'kaitiß
Diagnose	**diagnosis** daiə'gnousiß
Durchfall	**diarrhoea** daiə'riə
Eiter	**pus** paß
entlassen	**to discharge** tə diß'tschahdsch

Entzündung	**inflammation** inflə'mäischn
Erbrechen	**vomiting** 'vɔmiting
Erkältung	**cold** kould
Fieber:	
- haben	**to have a temperature** tə 'häv_ə 'temprətschə
Frauenarzt	**gynaecologist** gainə'kɔlədschißt
Frauenärztin	**(lady) gynaecologist** ('läidi) gainə'kɔlədschißt
Gallensteine	**gallstones** 'gɔlßtouns
gebrochen	**broken** 'broukən
Gehirnerschütterung	**concussion** kən'kaschn
gelähmt	**paralysed** 'pärəlaisd
Geschlechts-krankheit	**sexually transmitted disease** 'ßekschəli trans'mitəd di'sihs
Geschwür	**ulcer;** (*Hautgeschwür*) **sore** 'alßə; ßɔ
Grippe	**flu, influenza** fluh; influ'ensə
Halsschmerzen:	
- haben	**to have a sore throat** tə 'häv_ə 'ßɔ 'θrout
Hals-Nasen-Ohren-Arzt	**ear, nose and throat doctor** 'iə, 'nous_ən 'θrout dɔktə
Hautarzt	**dermatologist** dömə'tɔlədschißt
Hautkrankheit	**skin disease** 'ßkin disihs
Heilpraktiker	**alternative practitioner** ɔl'tönətiv präk'tischənə
Herpes	**herpes** 'höpihs
Herz	**heart** haht
-anfall	**heart attack** 'haht_ətäk

9

213

Herzfehler	**heart complaint** 'haht kəmplänt
-infarkt	**coronary, cardiac infarction** 'korənəri, 'kahdiäk_in'fahkschn
Heuschnupfen	**hay fever** 'häi fihvə
Hexenschuss	**lumbago** lam'bäigou
Hirnhautentzündung	**meningitis** 'menin'dschaitiß
Husten	**cough** kɔf
Impfung	**vaccination** väkßi'näischn
Infektion	**infection** in'fekschən
Internist	**internist** in'tönißt
Keuchhusten	**whooping cough** 'huhping kɔf
Kinderarzt	**paediatrician** pihdiə'trischn
Kinderlähmung	**polio** 'pouliou
Kolik	**colic** 'kɔlik
Krampf	**cramp** krämp
Krankenschwester	**nurse** nöß
Krankheit	**illness, disease** 'ilnəß, di'sihs
Lebensmittel-vergiftung	**food poisoning** 'fuhd poisəning
Leistenbruch	**hernia** 'höniə
Lungenentzündung	**pneumonia** njuh'mouniə
Magengeschwür	**stomach ulcer** 'ßtamək_alßə
Magenschmerzen	**stomach-ache** *sg.* 'ßtamək_äik
Mandelentzündung	**tonsillitis** tɔnßi'laitiß
Masern	**measles** 'mihsls
Migräne	**migraine** 'mihgräin
Mittelohr-entzündung	**inflammation of the middle ear** inflä'mäischn_əv ðə 'midl_'iə
Mumps	**mumps** mampß

Nierensteine	**kidney stones**	'kidni ßtouns
ohnmächtig:		
- werden	**to faint**	tə fäint
operieren	**to operate (on)**	tu_'ɔpəräit_(ɔn)
Orthopäde	**orthopaedist**	ɔθə'pihdißt
Pilzinfektion	**fungus infection;** (*Soorpilz*) **thrush**	'fangəß_in'fekschn; θrasch
Prellung	**bruise**	bruhs
querschnittgelähmt	**paraplegic**	pärə'plihdschik
Rheuma	**rheumatism**	'ruhmətism
Rippenfell- entzündung	**pleurisy**	'pluərəßi
röntgen	**to X-ray**	tu_'exräi
Röteln	**German measles**	'dschömən 'mihsls
Salmonellen- vergiftung	**salmonella (poisoning)**	ßälmə'nelə ('poisəning)
Scharlach	**scarlet fever**	'ßkahlət 'fihvə
Schlaganfall	**stroke**	ßtrouk
Schmerzen	**pain** *sg.*	päin
Schnittwunde	**cut;** (*große*) **gash**	kat; gäsch
Schnupfen	**cold**	kould
Schock	**shock**	schɔk
Schüttelfrost	**shivering fit**	'schivəring fit
schwanger	**pregnant**	'pregnənt
Schweißausbruch:		
einen - bekommen	**to break out into a sweat**	tə 'bräik_'aut_intu_ə 'ßwet
Schwellung	**swelling**	'ßweling
Schwindel	**dizziness**	'disinəß

Sehnenzerrung	**pulled tendon**	'puld 'tendən
Sodbrennen	**heartburn**	'hahtbön
Sonnenbrand	**sunburn**	'ßanbön
Sprechstunde	**surgery (hours** *pl.***)**	'ßödschəri_(auəs)
Stich	**bite, sting**	bait, ßting
Tetanus	**tetanus**	'tetənəß
Übelkeit	**nausea**	'nɔsiə
Urinprobe	**urine sample**	'juərin ßahmpl
Urologe	**urologist**	ju'rɔlədschißt
Verbrennung	**burn**	bön
verletzt	**hurt**	höt
verrenkt	**dislocated**	'dißləkäitid
verschreiben	**to prescribe**	tə pri'ßkraib
verstaucht	**sprained**	ßpräind
Verstopfung	**constipation**	kɔnßti'päischn
Wespenstich	**wasp sting**	'wɔßp ßting
Windpocken	**chicken pox**	'tschikən pɔx
Zerrung	**pulled** *muscle*/*tendon*/*ligament*	'puld 'maßl/'tendən/'ligəmənt

Beim Zahnarzt

INFO Zahnärztliche Behandlung wird in Großbritannien in Rechnung gestellt. Lassen Sie sich also eine Quittung zur Vorlage bei der Krankenversicherung im Heimatland geben.

Der Zahn ... tut weh.	**This tooth ... hurts.**	'ðiß tuhθ ... 'hötß.
hier	**here**	'hiə
hinten	**at the back**	_ət ðə 'bäk

links	**on the left** ˌɔn ðə ˈleft
oben	**at the top** ˌət ðə ˈtɔp
rechts	**on the right** ˌɔn ðə ˈrait
unten	**at the bottom** ˌət ðə ˈbɔtəm
vorn	**at the front** ˌət ðə ˈfrʌnt

Der Zahn ist abgebrochen. — **This tooth has broken off.** ðiß ˈtuhθ həs ˈbroukənˌˈɔf.

Ich habe eine Füllung verloren. — **I've lost a filling.** aiv ˈlɔßt ə ˈfiling.

Können Sie den Zahn provisorisch behandeln? — **Could you do a temporary job on the tooth?** kudˌju ˈduhˌə ˈtemprəri dschɔbˌɔn ə ˈtuhθ?

Den Zahn bitte nicht ziehen. — **Please don't take the tooth out.** ˈplihs dount ˈtäik ðə ˈtuhθˌˈaut.

Geben Sie mir bitte *eine/keine* Spritze. — ***Would you give me/I'd rather not have** an injection, please.* wudˌju ˈgiv miˌ/aid ˈrahðə ˈnɔt hävˌən ˌinˈdschekschn, plihs.

Können Sie diese Prothese reparieren? — **Can you repair these dentures?** kən ju rəˈpeə ðihs ˈdentschəs?

Vom Zahnarzt werden Sie hören

You need a … ju ˈnihdˌə …	Sie brauchen eine …
bridge. ˈbridsch.	Brücke.
filling. ˈfiling.	Füllung.
crown. ˈkraun.	Krone.

I'll have to take the tooth out.
ail 'häv tə täik ðə 'tuhθ_·'aut.

Have a good rinse. 'häv_ə 'gud 'rinß.

Don't eat (anything) for two hours. dount_·'iht_(eniθing) fə 'tuh_·'auəs.

Ich muss den Zahn ziehen.

Bitte gut spülen.

Bitte zwei Stunden nichts essen.

Zahnarzt

Abdruck	**impression** im'preschn
Abszess	**abscess** 'äbßeß
Betäubung	**(local) anaesthetic** ('loukəl)_·änəß'θetik
Brücke	**bridge** bridsch
Entzündung	**infection** in'fekschn
Füllung	**filling** 'filing
Gebiss	**dentures** *pl.* 'dentschəs
Goldkrone	**gold crown** 'gould 'kraun
Inlay	**inlay** 'inläi
Karies	**tooth decay, caries** 'tuhθ dikäi, 'keərihs
Kiefer	**jaw** dschɔ
Krone	**crown** kraun
Loch	**hole, cavity** houl, 'kävəti
Nerv	**nerve** növ
Parodontose	**pyorrhoea** paiə'riə
Prothese	**dentures** *pl.* 'dentschəs
Provisorium	**temporary filling** 'temprəri 'filing

Sprechstunde	**surgery (hours** *pl.***)** ˈɓödschəri_(auəs)
Spritze	**injection** inˈdschekschn
Stiftzahn	**pivot tooth** ˈpivət tuhθ
Weisheitszahn	**wisdom tooth** ˈwisdəm tuhθ
Wurzelbehandlung	**root canal work** ˈruht kəˈnäl wök
Zahn	**tooth** tuhθ
-arzt	**dentist** ˈdentißt
-fleisch	**gums** *pl.* gams
-stein	**tartar** ˈtahtə
ziehen	**to take out, to extract** tə ˈtäik_ˈaut, tu_ixˈträkt

POLIZEI UND FUNDBÜRO

Wo ist die nächste Polizeiwache?	**Where's the nearest police station?** ˈweəs ðə niərəßt pəlihß ßtäischn?
Gibt es hier jemanden, der Deutsch spricht?	**Does anyone here speak German?** dəsˈ_ˈeniwan hiə ˈßpihk ˈdschömən?
Ich möchte … anzeigen.	**I'd like to report …** aid ˈlaik tə riˈpɔt_…
einen Diebstahl	**a theft.** ə ˈθeft.
einen Überfall	**a *robbery*/*mugging*.** ə ˈrɔbəri/ ˈmaging.
eine Vergewaltigung	**a rape.** ə ˈräip.
Meine Tochter/*Mein Sohn* ist verschwunden.	**My *daughter*/*son* has disappeared.** mai ˈdɔtə/ˈßan həs dißəˈpiəd.

9

Man hat mir ... gestohlen.	**My ... has been stolen.** maı ... həs bın 'ßtoulən.
Ich habe ... verloren.	**I've lost ...** aıv 'lɔßt ...
Mein ... ist aufgebrochen worden.	**My ... has been broken into.** maı ... həs bın 'broukən_'ınto.
Auto	**car** 'kah
Haus	**house** 'hauß
Zimmer	**room** 'ruhm
Ich bin *betrogen/zusammengeschlagen* worden.	**I've been *swindled/beaten up*.** aıv bın 'ßwındld/'bıhtən_'ap.
Ich benötige eine Bescheinigung für meine Versicherung.	**Could you give me something in writing for insurance purposes?** kud ju 'gıv mi 'ßamθıng_ın 'raıtıng fər_ın'schuərənß pöpəßıs?
Ich möchte mit meinem *Anwalt/Konsulat* sprechen.	**I'd like to speak to my *solicitor/consulate*.** aıd 'laık tə 'ßpihk tə maı ßə'lıßıtə/'kɔnßjulət.
Ich bin unschuldig.	**I'm innocent.** aım_'ınəßənt.

Von der Polizei werden Sie hören

Would you fill in this form, please. wud ju 'fıl_ın ðıß 'fɔm, plihs.	Füllen Sie bitte dieses Formular aus.

Can I see some identification, please? kən_ai 'ßih ßəm_ai'dentifi'käischn, plihs?	Ihren Ausweis, bitte.
What's your address *in Germany/ over here?* in 'dschömani/_ouvə 'hiə?	Wo wohnen Sie *in Deutschland/hier?*
When/Where **did it happen?** 'wen/'weə did_it 'häpən?	*Wann/Wo* ist es passiert?
Please get in touch with your consulate. 'plihs get_in 'tatsch wið jɔ 'kɔnßjulət.	Wenden Sie sich bitte an Ihr Konsulat.

Polizei und Fundbüro

anzeigen	**to report** (*someone/something*) **to the police** tə ri'pɔt ('ßamwan/'ßamθing) tə ðə pə'lihß
aufbrechen	**to break into** tə 'bräik_'intu
Auto	**car** kah
-papiere	**vehicle documents** 'viikl 'dɔkjuməntß
-radio	**car radio** 'kah 'räidiou
-reifen	**tyre** 'taiə
belästigen	**to molest** tə mə'leßt
Dieb	**thief** θihf
-stahl	**theft** θeft
Falschgeld	**counterfeit money** 'kauntəfit 'mani
Formular	**form** fɔm

gestohlen	**stolen** 'ßtoulən
Handtasche	**handbag** 'händbäg
Hi-Fi-Anlage	(*im Auto*) **car stereo** 'kah 'ßteriou
Konsulat	**consulate** 'kɔnßjulət
Personalausweis	**ID** ai'dih
Polizei	**police** pə'lihß
-wache	**police station** pə'lihß ßtäischn
Polizist(in)	**policeman, policewoman** pə'lihßmən, pə'lihßwumən
Portemonnaie	**purse** pöß
Rauschgift	**drugs** *pl.* drags
Rechtsanwalt	**solicitor** ßə'lißitə
Reisepass	**passport** 'pahßpɔt
Taschendieb	**pickpocket** 'pikpɔkit
Überfall	**robbery;** (*auf der Straße*) **mugging** 'rɔbəri; 'maging
Unfall	**accident** 'äkßidənt
Vergewaltigung	**rape** räip
verhaften	**to arrest** tu_ə'reßt
verloren	**lost** lɔßt
Zeuge	**witness** 'witnəß
zusammenschlagen	**to beat up** tə 'biht_'ap

Zeit und Wetter

ZEIT

INFO In Großbritannien benutzt man nur begrenzt die 24-Stunden-Uhr, und zwar hauptsächlich bei Fahrplänen u. dgl. Im Alltag kann also „3 o'clock" sowohl 15 Uhr als auch 3 Uhr heißen. Wenn es aus dem Kontext nicht deutlich hervorgeht, dass es sich um den Nachmittag/Abend oder Morgen handelt, fügt man „in the afternoon/evening" oder „in the morning" hinzu oder man benutzt die Abkürzungen „p.m." („post meridiem" = nachmittags) bzw. „a.m." („ante meridiem" = vormittags). Beachten Sie aber: es heißt niemals „3 o'clock p.m.", sondern entweder „3 o'clock" oder „3 p.m.".

Uhrzeit

Wie spät ist es?	**What's the time?** 'wɔtß ðə 'taim?
Haben Sie die genaue Zeit?	**Do you have the exact time?** du ju 'häv ði_i'xäkt 'taim?
Es ist 1 Uhr.	**It's one o'clock.** itß 'wan_ə'klɔk.
Es ist 2 Uhr.	**It's two o'clock.** itß 'tuh_ə'klɔk.
Es ist 15 Uhr 35.	**It's twenty-five to four.** itß 'twenti'faiv tə 'fɔ.
Es ist Viertel nach 5.	**It's quarter past five.** itß 'kwɔtə pahßt 'faiv.
Es ist halb 7.	**It's half past six.** itß 'hahf pahßt 'ßix.
Es ist Viertel vor 9.	**It's quarter to nine.** itß 'kwɔtə tə 'nain.

Es ist 5 (Minuten) nach 4.	**It's five past four.** itß 'faiv pahßt 'fɔ.
Es ist 10 (Minuten) vor 8.	**It's ten to eight.** itß 'ten tu_'äit.
Um wie viel Uhr?	**What time?** wɔt 'taim?
Um 10 Uhr.	**(At) Ten o'clock.** (ət) 'ten_ə'klɔk.
Ungefähr um 11.	**Around eleven.** ə'raund_i'levən.
Pünktlich um 9 Uhr 30.	**At nine-thirty sharp.** ət 'nain'θöti 'schahp.
Um 20 Uhr 15.	**At a quarter past eight (in the evening).** ət ə 'kwɔtə pahßt_'äit_(in ði_'ihvning).
Von 8 bis 9 Uhr.	**From eight till nine.** frəm_'äit til 'nain.
Zwischen 10 und 12 Uhr.	**Between ten and twelve.** bətwihn 'ten_ən 'twelv.
Nicht vor 19 Uhr.	**Not before seven (p.m.)** 'nɔt bifɔ 'ßevən (pih'em).
Kurz nach 9 Uhr.	**Just after nine.** 'dschaßt_ahftə 'nain.
In einer halben Stunde.	**In half an hour.** in 'hahf ən_'auə.
In zwei Stunden.	**In two hours.** in 'tuh_'auəs.
Es ist (zu) spät.	**It's (too) late.** itß ('tuh) 'läit.
Es ist noch zu früh.	**It's too early.** itß 'tuh 'öli.

10

Geht Ihre Uhr richtig?	**Is your watch correct?**	is jɔ 'wɔtsch kə'rekt?
Sie geht *vor/nach*.	**It's *fast/slow*.**	itß 'faßt/'ßlou.

Allgemeine Zeitangaben

abends	**in the evening**	in ði_'ihvning
am Wochenende	**at the weekend**	ət ðə 'wihk'end
bald	**soon**	ßuhn
bis	**until, till**	an'til, til
früh	**early**	'öli
früher	**earlier**	'öliə
gestern	**yesterday**	'jeßtədäi
heute	**today**	tə'däi
- Morgen	**this morning**	ðiß 'mɔrning
- Mittag	**at midday (today)**	ət 'mid'däi (tə'däi)
- Nachmittag	**this afternoon**	ðiß 'ahftə'nuhn
- Abend	**tonight**	tə'nait
- Nacht	**last night**	'lahßt 'nait
in 14 Tagen	**in a fortnight**	in_ə 'fɔtnait
in einer Woche	**in a week**	in_ə 'wihk
innerhalb einer Woche	**within a week**	wi'ðin_ə 'wihk
Jahr	**year**	jiə
halbes -	**six months** *pl.*	'ßix 'manθß
nächstes -	**next year**	'next 'jiə
voriges -	**last year**	'lahßt 'jiə
jede Woche	**every week**	'evri 'wihk

jedes Jahr	**every year**	'evri 'jiə
jetzt	**now**	nau
manchmal	**sometimes**	'ßamtaims
Minute	**minute**	'minit
mittags	**at midday**	ət 'mid'däi
Monat	**month**	manθ
morgen	**tomorrow**	tə'mɔrou
morgens	**in the morning**	in ðə 'mɔning
nachmittags	**in the afternoon**	in ði_'ahftə'nuhn
nachts	**at night**	ət 'nait
neulich	**recently**	'rihßntli
rechtzeitig	**in time**	in 'taim
seit	**for, since**	fɔ, ßinß
- zehn Tagen	**for ten days**	fə 'ten 'däis
- gestern	**since yesterday**	ßinß 'jeßtədäi
Sekunde	**second**	'ßekənd
spät	**late**	'läit
später	**later**	'läitə
Stunde	**hour**	'auə
halbe -	**half an hour**	'hahf_ən_'auə
stündlich	**every hour**	'evri_'auə
Tag	**day**	däi
täglich	**every day**	'evri 'däi
übermorgen	**the day after tomorrow**	ðə 'däi_ahftə tə'mɔrou
um	**at, around**	ät, ə'raund
- diese Zeit	**at that time**	ät 'ðät 'taim
- Mitternacht	**at midnight**	ät 'midnait
Viertelstunde	**quarter of an hour**	'kwɔtər_əv'ən_'auə

von Zeit zu Zeit	**from time to time** frəm 'taim tə 'taim
vor	**ago** ə'gou
- einem Monat	**a month ago** ə 'manθ_ə'gou
- kurzem	**recently** 'rihßntli
vorgestern	**the day before yesterday** ðə 'däi bifɔ 'jeßtədäi
vorher	**before** bi'fɔ
vorläufig	**for the time being** fə ðə 'taim 'biing
vormittags	**in the morning** in ðə 'mɔning
Woche	**week** wihk
wöchentlich	**every week** 'evri 'wihk
Zeit	**time** taim
zur Zeit	**at the moment** ät ðə 'moumənt

Jahreszeiten

Frühling	**spring** ßpring
Sommer	**summer** 'ßamə
Herbst	**autumn** 'ɔtəm
Winter	**winter** 'wintə

Feiertage

INFO In Großbritannien heißen die öffentlichen Feiertage „bank holiday", obwohl nicht nur die Banken geschlossen bleiben. Hier genießt man bei weitem nicht so viele Feiertage wie in den deutschsprachigen Ländern. Wenn ein Feiertag allerdings auf ein Wochenende fällt, wird er am darauffolgenden Montag nachgeholt.

Christmas Eve* 'krißməß_'ihv Heiligabend

Christmas Day 'krißməß 'däi	1. Weihnachtstag
Boxing Day 'boxing däi	2. Weihnachtstag
New Year's Eve* 'njuh jiəs_'ihv	Silvester
New Year's Day 'njuh jiəs 'däi	Neujahrstag
Good Friday gud 'fraidäi	Karfreitag
Easter Monday 'ihßtə 'mandäi	Ostermontag
May Day Bank Holiday 'mäi däi bänk 'holədäi	der erste Montag im Mai
Spring Bank Holiday 'ßpring bänk 'holədäi	der letzte Montag im Mai
August Bank Holiday 'ɔgəßt bänk 'holədäi	der letzte Montag im August

* *kein Feiertag*

Urlaubszeiten

Ostern	**Easter** 'ihßtə
Pfingsten	**Whitsun** 'witßn
Sommerurlaub	**summer holidays** *pl.* 'ßamə 'holədäis
Weihnachten	**Christmas** 'krißməß

DATUM

Den Wievielten haben wir heute?	**What's the date today?** 'wotß ðə 'däit tədäi?
Heute ist der 2. Juli.	**It's the 2nd of July.** itß ðə 'ßekənd_əv dschu'lai.

10

229

Ich bin am 24. August 1971 geboren.	**I was born on August the 24th, 1971.** ai wəs ˈbɔn_ɔn_ðə ˈtwentiˈfɔːθ, ˈnaintihnˈβevənti'wan.
Am 4. *dieses/nächsten* Monats.	**On the 4th of *this/next* month.** ɔn ðə ˈfɔːθ əv ˈðiß/ˈnext ˈmanθ.
Bis zum 10. März.	**Until the 10th of March.** anˈtil ðə ˈtenθ_əv ˈmahtsch.
Am 1. April *dieses/nächsten* Jahres.	**On April 1st *this/next* year.** ɔn_ˈäiprəl ðə ˈfößt *ðiß/ˈnext* ˈjiə.
Wir reisen am 20. August ab.	**We're leaving on the 20th of August.** wiə ˈlihving ɔn ðə ˈtwentiəθ_əv ˈɔgəßt.
Wir sind am 25. Juli angekommen.	**We got here on the 25th of July.** ˈgɔt hiər_ɔn ðə ˈtwentiˈfifθ_əv dschuˈlai
Der Brief wurde am 9. Juni abgeschickt.	**The letter was sent on June the 9th.** ðə ˈletə wəs ˈßent_ɔn ˈdschuhn ðə ˈnainθ.

Wochentage

Montag	**Monday** ˈmandäi
Dienstag	**Tuesday** ˈtjuhsdäi
Mittwoch	**Wednesday** ˈwensdäi
Donnerstag	**Thursday** ˈθösdäi
Freitag	**Friday** ˈfraidäi
Samstag/Sonnabend	**Saturday** ˈßätədäi
Sonntag	**Sunday** ˈßandäi

Monate

Januar	**January** 'dschänjuəri
Februar	**February** 'februəri
März	**March** mahtsch
April	**April** 'äiprəl
Mai	**May** mäi
Juni	**June** dschuhn
Juli	**July** dschu'lai
August	**August** 'ɔgəßt
September	**September** ßep'tembə
Oktober	**October** ɔk'toubə
November	**November** nə'vembə
Dezember	**December** di'ßembə

10

DAS WETTER

Wie wird das Wetter heute?
What's the weather going to be like today? 'wɔtß ðə 'weðə gouing tə bi 'laik tə'däi?

Haben Sie schon den Wetterbericht gehört?
Have you heard the weather report yet? 'häv_ju 'höd ðə 'weðə ripɔt jet?

Es ist/wird …
It's/It's going to be … itß/itß 'gouing tə bi …

    warm.   **warm.** 'wɔm.
    heiß.   **hot.** 'hɔt.
    kalt.   **cold.** 'kould.
    kühl.   **cool.** 'kuhl.
    schwül.   *humid/close.* 'hjuhmid/'klouß.

Es wird Regen geben.
It's going to rain. itß 'gouing tə 'räin.

Es ist ziemlich *windig/stürmisch*.
It's quite *windy/stormy*. itß 'kwait 'windi/'ßtɔmi.

Der Himmel ist *klar/bewölkt*.
The sky's *clear/cloudy*. ðə 'ßkais 'klia/'klaudi.

Es sieht nach *Regen/Gewitter* aus.
It looks like rain./It looks as if we're in for a storm. it 'lukß laik 'räin./it 'lukß_əs_if wiər_'in fər_ə 'ßtɔm.

Wie viel Grad haben wir?	**What's the temperature?**	'wɔtß ðə 'temprətschə?
Es sind … Grad (unter Null).	**It's … degrees (below zero).**	itß … də'grihs (bi'lou 'siərou).

INFO Temperaturen werden in Großbritannien offiziell in Celsius und Fahrenheit angegeben. Im Alltag halten sich jedoch viele noch an die „alte" Fahrenheit-Skala. Umgerechnet wird so: Fahrenheit in Celsius: $(x - 32) \cdot 5/9 = °C$

Fahrenheit	Celsius
86	30
77	25
68	20
59	15
50	10
41	5
32	0
23	− 5
14	−10
5	−15

Wetter

bedeckt	**overcast** 'ouvəkahßt
bewölkt	**cloudy, overcast** 'klaudi, 'ouvəkahßt
es blitzt	**there's lightning** ðəs 'laitning
Dämmerung	(*morgens*) **dawn**; (*abends*) **dusk** dɔn; daßk
diesig	**hazy** 'häisi
es donnert	**it's thundering** itß 'θandəring
feucht	**damp** dämp
es friert	**it's freezing** itß 'frihsing
Frost	**frost** frɔßt
Gewitter	**(thunder)storm** ('θandə)ßtɔm
Glatteis	**ice**; (*auf der Straße*) *auch:* **black ice** aiß; 'bläk_aiß
Grad	**degrees** di'grihs
es hagelt	**it's hailing** itß 'häiling
heiß	**hot** hɔt
heiter	**bright** brait
Hitze	**heat** hiht
-welle	**heatwave** 'hihtwäiv
Hoch	**anticyclone, high-pressure area** 'änti'ßaikloun, 'hai'preschər_'eəriə
kalt	**cold** kould
klar	**clear** kliə
Klima	**climate** 'klaimət
kühl	**cool** kuhl
Luft	**air** eə
Mond	**moon** muhn
nass	**wet** wet

Nebel	**fog** fɔg	
Nieselregen	**drizzle** 'drisl	
Regenschauer	**shower** 'schauə	
regnerisch	**rainy** 'räini	
es regnet	**it's raining** itß 'räining	
Schnee	**snow** ßnou	
-sturm	**blizzard, snow storm** 'blisəd, 'ßnou ßtɔm	
es schneit	**it's snowing** itß 'ßnouing	
schwül	**humid, close** 'hjumid, klouß	
Sonne	**sun** ßan	
Sonnenaufgang	**sunrise** 'ßanrais	
Sonnenuntergang	**sunset** 'ßanßet	
sonnig	**sunny** 'ßani	
Stern	**star** ßtah	
sternenklar:		
-er Himmel	**starry night** 'ßtahri 'nait	
Sturm	**gale** gäil	
stürmisch	**stormy** 'ßtɔmi	
es ist ziemlich -	**there's a strong wind blowing** ðəs_ə 'ßtrɔng 'wind blouing	
Tauwetter	**thaw** θɔ	
es taut	**it's thawing** itß 'θɔing	
Temperatur	**temperature** 'temprətschə	
Tief	**depression, low-pressure area** di'preschn, 'lou'preschər_'eəriə	
trocken	**dry** drai	
Überschwemmungen	**floods, flooding** sg. flads, 'flading	
warm	**warm** wɔm	

10

235

wechselhaft	**variable** ˈveəriəbl
Wetter	**weather** ˈweðə
-bericht	**weather** *report/forecast* ˈweðə ripɔt/fɔkahßt
Wind	**wind** wind
-stärke	**wind force** ˈwind fɔß
windig	**windy** ˈwindi
Wolke	**cloud** klaud
Wolkenbruch	**cloudburst** ˈklaudbößt

INFO Das Wetter in Großbritannien ist recht wechselhaft. Den Regenschirm sollten Sie also stets dabeihaben, es sei denn, es ist ausdrücklich ein regenfreier Tag angesagt. Das Wetter ist hierzulande nach wie vor Thema Nummer eins. Eine kurze Bemerkung über das Wetter wie „Nice day, isn't it?" (ˈnaiß ˈdäi_ˈisənt_it?) oder „What rotten weather we're having!" (wɔt ˈrɔtən ˈweðə wiə ˈhäving!) folgt oft auf eine Begrüßung.

Grammatik

DER ARTIKEL (GESCHLECHTSWORT)

Der bestimmte Artikel (der, die, das) lautet in der Einzahl und Mehrzahl *the*:

the flight	der Flug
the time	die Zeit
the weather	das Wetter
the people	die Menschen

Vor einem Vokal (a, e, i, o, u) wird das [ði] ausgesprochen:

the office [ði_'ɔfis]   das Büro

the steht hinter *half* und *all* und oft hinter *both*:

half the cake	der halbe Kuchen
all the children	alle Kinder
both (the) buses	beide Busse

Der unbestimmte Artikel (ein, eine, einem usw.) lautet vor einem Konsonanten (Mitlaut) *a* und vor einem Vokal (Selbstlaut) *an*. Auch vor Wörter, deren erster Buchstabe wie ein Vokal ausgesprochen wird, setzt man *an*:

a man	ein Mann
a hotel [ə ho'tel]	ein Hotel
an orange	eine Apfelsine
an hour [ə'nauə]	eine Stunde

Vor *hundred* und *thousand* steht im Gegensatz zum Deutschen der unbestimmte Artikel *a* bzw. zur Betonung *one*:

a hundred	hundert
a thousand	tausend

Der unbestimmte Artikel steht hinter *half*:

half an hour	eine halbe Stunde

DAS SUBSTANTIV (HAUPTWORT)

Im Gegensatz zum Deutschen gibt es bei Berufsbezeichnungen u. dgl. generell keine männliche und weibliche Form. So heißt z. B. *doctor* sowohl „Arzt" als auch „Ärztin". Ausnahmen:

actor/actress	Schauspieler/in
waiter/waitress	Kellner/in
prince/princess	Prinz/essin

BILDUNG DES PLURALS (MEHRZAHL)

Die Mehrzahl wird meistens durch Anhängen von **-s** an die Einzahl gebildet:

train – trains	Zug – Züge
road – roads	Straße – Straßen
car – cars	Auto – Autos

Substantive, die auf *-s, -ss, -sh, -ch* oder *-x* enden, bekommen in der Mehrzahl ein **-es** am Ende:

bus – buses	Bus – Busse
switch – switches	Schalter – Schalter
box – boxes	Karton – Kartons

Dann gibt es noch folgende unregelmäßige Pluralformen, die man sich merken sollte:

sheep – sheep	Schaf – Schafe
fish – fish	Fisch – Fische
deer – deer	Reh – Rehe
foot – feet	Fuß – Füße
tooth – teeth	Zahn – Zähne
mouse – mice	Maus – Mäuse
child – children	Kind – Kinder

man – men	Mann – Männer
woman –	Frau – Frauen
women ['wimin]	
Englishman –	Engländer –
Englishmen	Engländer
	(aber: *German – Germans*)
wife – wives	Ehefrau – Ehefrauen
half – halves	Hälfte – Hälften
knife – knives	Messer – Messer usw.

Gewichte und Preise stehen im Englischen generell in der Mehrzahl:

four pounds	vier Pfund neunundneunzig (Pence)
ninety-nine	
two kilos of oranges	zwei Kilo Apfelsinen

BILDUNG DES GENITIVS (2. FALL)

Bei Menschen und Tieren fügt man in der Einzahl ein -'s an:

my mother's cousin	der Cousin/die Cousine meiner Mutter
the horse's tail	der Schwanz des Pferds

Bei der Mehrzahl wird ein -s' hinzugefügt:

her brothers' names	die Namen ihrer Brüder
the girls' bicycles	die Fahrräder der Mädchen

Bei Dingen wird *of* vorangesetzt:

the end of the story	das Ende der Geschichte

Bei Behältern u. ä. nimmt man im Gegensatz zum Deutschen *of*:

a box of matches	eine Schachtel Streichhölzer
a tin of sardines	eine Dose Sardinen
a pile of rubbish	ein Haufen Abfall

DIE PRONOMEN (FÜRWÖRTER)

Persönliches Fürwort

Subjekt		Objekt	
I	ich	*me*	mich/mir
you	du; Sie	*you*	dich/dir; Sie/Ihnen
he	er	*him*	ihn/ihm
she	sie	*her*	sie/ihr
it	es; sie; er	*it*	es/ihm; sie/ihr; ihn/ihm
we	wir	*us*	uns
you	ihr; Sie	*you*	euch; Sie/Ihnen
they	sie (Plural)	*them*	sie/ihnen

Besitzanzeigendes Fürwort

Substantiviert:

my	mein usw.	*mine*	meins usw.
your	dein usw.; Ihr usw.	*yours*	deins usw.; Ihrs usw.
his	sein usw.	*his*	seins usw.
her	ihr usw.	*hers*	ihrs usw.
its	sein usw.; ihr usw.	*its*	seins usw.; ihrs usw.
our	unser usw.	*ours*	unsers usw.
your	euer usw.; Ihr usw.	*yours*	euers usw.; Ihrs usw.
their	ihr (pl.) usw.	*theirs*	ihrs (pl.) usw.

DIE FRAGEWÖRTER

who ...?	wer ...?
who(m) ...?	wen/wem ...?
whose ...?	wessen ...?
what ...?	was ...?
which ...?	welche(r, -s) ...?
when ...?	wann ...?
where ...?	wo ...?
why ...?	warum ...?
how ...?	wie ...?

DIE DEMONSTRATIV-PRONOMEN (HINWEISENDE FÜRWÖRTER)

this	diese(r, -s)
these	diese
that	der/die/das (... da)
those	die (... da)

this/these deuten meistens auf etwas näher Liegendes, *that/those* können auf etwas ferner Liegendes deuten oder sich auf etwas gerade Gesagtes beziehen.

DAS ADJEKTIV (EIGENSCHAFTSWORT)

Einsilbige Adjektive werden mit *-er/-est* gesteigert, wobei einem stummen End-*e* einfach *-r/-st* hinzugefügt wird und ein einzelner Endkonsonant (*b, d, f* usw.) nach einem kurzen Vokal (*a, e, i, o, u*) verdoppelt wird:

loud	louder	loudest	laut
wet	wetter	wettest	naß
nice	nicer	nicest	nett

Zweisilbige Adjektive auf *-er, -le, -ow* oder *-y* werden mit *-er/-est* gesteigert, wobei ein End-*e* entfällt und *-y* zu *-i* wird:

clever	cleverer	cleverest	gescheit
gentle	gentler	gentlest	sanft
narrow	narrower	narrowest	eng
happy	happier	happiest	glücklich
Ausnahme:			
eager	more eager	most eager	willig

Zweisilbige Adjektive, die nicht auf *-er, -le, -ow* oder *-y* enden, drei- und mehrsilbige Adjektive sowie Adjektive auf *-ing* oder *-ed* werden mit *more* und *most* gesteigert:

helpful	more helpful	most helpful	hilfreich
active	more active	most active	aktiv
idiotic	more idiotic	most idiotic	idiotisch
tired	more tired	most tired	müde

Dann gibt es die unregelmäßigen Adjektive:

bad	worse	worst	schlecht
good	better	best	gut
much	more	most	viel
many	more	most	viele
little	less	least	wenig
little	smaller	smallest	klein
far	further	furthest	weit

DAS ADVERB (UMSTANDSWORT)

Bildung des Adverbs

Adverbien werden meistens durch Anhängen von **-ly** an ein Adjektiv gebildet:

quickly	schnell
badly	schlecht
actively	aktiv

Besonderheiten:

-le wird zu *-ly* und *-y* zu *-ily*:

gentle – gently	sanft
happy – happily	glücklich

-ic wird zu *-ically*:

magic – magically	zauberhaft

Ausnahme:

public – publicly	öffentlich

Steigerung des Adverbs

Einsilbige Adverbien sowie *early* werden auf *-er/-est* gesteigert:

| hard | harder | hardest | hart |
| early | earlier | earliest | früh |

Mehrsilbige Adverbien (außer *early*) werden mit *more/most* gesteigert:

| gladly | more gladly | most gladly | gern |

Und die unregelmäßigen Adverbien:

well	better	best	gut
badly	worse	worst	schlecht
little	less	least	wenig
much	more	most	viel
far	further	furthest	weit

DAS VERB (ZEITWORT)

Die regelmäßigen Verben hängen in der Vergangenheit *-(e)d* an die Grundform (*call – called, vote – voted*), während die unregelmäßigen Verben ihren Stammvokal ändern. Hier die verschiedenen Formen von einigen der wichtigsten Verben:

be (sein)

einfache Gegenwart

I'm (I am)
you're (you are)
he's/she's/it's
(he/she/it is)
we're (we are)
you're (you are)
they're (they are)

present perfect

I've/you've/we've/they've been
(I/you/we/they have been)
he's/she's/it's been
(he/she/it has been)

einfache Vergangenheit

I/he/she/it was
you/we/they were

Verlaufsform der Vergangenheit

I/he/she/it was being
you/we/they were being

2. Vergangenheit (Vorvergangenheit)

I'd/you'd usw. been
(I/you usw. had been)

will-Zukunft	future perfect
I'll (I will) usw. *be*	*I'll (I will)* usw. *have been*
Konditional	Konditional II
I'd (I would) usw. *be*	*I'd (I would)* usw. *have been*

have (haben)

einfache Gegenwart	Verlaufsform der Gegenwart
I/you/we/they have	*I'm (I am) having*
he/she/it has	*you're (you are) having*
als Hilfsverb:	*he's (he is)* usw. *having*
I've/you've/we've/	*I'm (I am) having*
they've …	*we're (we are) having*
he's/she's/it's …	*you're (you are) having*
	they're (they are) having

have got

I've/you've/we've/they've got
(I/you/we/they have got)
he's/she's/it's got
(he/she/it has got)

present perfect	Verlaufsform des present perfect
I've/you've/we've/they've had (I/you/we/they have had) *he's/she's/it's had (he/she/it has had)*	*I've/you've/we've/they've been having (I/you/we/they have been having)* *he's/she's/it's been having (he/she/it has been having)*

einfache Vergangenheit	Verlaufsform der Vergangenheit
I/you usw. *had*	*I/he/she/it was having* *we/you/they were having*

2. Vergangenheit	Verlaufsform der 2. Vergangenheit
I'd/you'd usw. *had* *(I/you* usw. *had had)*	*I'd/you'd* usw. *been having* *(I/you* usw. *had heen having)*

will-Zukunft	Verlaufsform der *will*-Zukunft
I'll/you'll usw. *have* (*I/you* usw. *will have*)	*I'll/you'll* usw. *be having* (*I/you* usw. *will be having*)

future perfect	Verlaufsform des future perfect
I'll/you'll usw. *have had* (*I/you* usw. *will have had*)	*I'll/you'll* usw. *have been having* (*I/you* usw. *will have been having*)

Konditional	Verlaufsform des Konditional
I'd/you'd usw. *have* (*I/you* usw. *would have*)	*I'd/you'd* usw. *be having* (*I/you* usw. *would be having*)

Konditional II	Verlaufsform des Konditional II
I'd/you'd usw. *have had* *I/you* usw. *would have had*	*I'd/you'd* usw. *have been having* *I/you* usw. *would have been having*

do (tun, machen)

einfache Gegenwart	Verlaufsform der Gegenwart
I/you/we/they do *he/she/it does*	*I'm (I am) doing* *you're (you are) doing* *he's usw. (he usw. is) doing* *we're (we are) doing* *you're (you are) doing* *they're (they are) doing*

present perfect	Verlaufsform des present perfect
I've/you've/we've/ *they've done* *(I/you/we/they have* *done)* *he's/she's/it's done* *(he/she/it has done)*	*I've/you've/we've they've been doing* *(I/you/we/they have been doing)* *he's/she's/it's been doing* *(he/she/it has been doing)*

einfache Vergangenheit	Verlaufsform der Vergangenheit
I/you usw. *did*	*I/he/she/it was doing* *we/you/they were doing*

2. Vergangenheit	Verlaufsform der 2. Vergangenheit
I'd/you'd usw. *done* *(I/you* usw. *had done)*	*I'd/you'd* usw. *been doing* *(I/you* usw. *had been doing)*

will-Zukunft	Verlaufsform der *will*-Zukunft
I'll/you'll usw. *do* (*I/you* usw. *will do*)	*I'll/you'll* usw. *be doing* (*I/you* usw. *will be doing*)

future perfect	Verlaufsform des future perfect
I'll/you'll usw. *have done* (*I/you* usw. *will have done*)	*I'll/you'll* usw. *have been doing* (*I/you* usw. *will have been doing*)

Konditional	Verlaufsform des Konditional
I'd/you'd usw. *do* (*I/you* usw. *would do*)	*I'd/you'd* usw. *be doing* (*I/you* usw. *would be doing*)

ZAHLEN

Grundzahlen

0	**nought, zero**	nɔt, 'siərou
1	**one**	wan
2	**two**	tuh
3	**three**	θrih
4	**four**	fɔ
5	**five**	faiv
6	**six**	ßix
7	**seven**	'ßevən
8	**eight**	äit
9	**nine**	nain
10	**ten**	ten
11	**eleven**	i'levən
12	**twelve**	twelv
13	**thirteen**	θö'tihn
14	**fourteen**	fɔ'tihn
15	**fifteen**	fif'tihn
16	**sixteen**	ßix'tihn
17	**seventeen**	ßevən'tihn
18	**eighteen**	äi'tihn
19	**nineteen**	nain'tihn
20	**twenty**	'twenti
21	**twenty-one**	twenti'wan
22	**twenty-two**	twenti'tuh
26	**twenty-six**	twenti'ßix
29	**twenty-nine**	twenti'nain
30	**thirty**	'θöti

40	**forty**	ˈfɔti
50	**fifty**	ˈfifti
60	**sixty**	ˈßixti
70	**seventy**	ˈßevənti
80	**eighty**	ˈäiti
90	**ninety**	ˈnainti
100	**a/one hundred**	ə/ˈwan ˈhandrəd
101	**a hundred and one**	ə ˈhandrəd_ən_ˈwan
579	**five hundred and seventy-nine**	ˈfaiv ˈhandrəd_ən ˈßevənti'nain
1000	**a/one thousand**	ə/ˈwan ˈθausənd
2000	**two thousand**	ˈtuh ˈθausənd
10000	**ten thousand**	ˈten ˈθausənd
1000000	**a/one million**	ə/ˈwan ˈmiljən
1000000000	**a/one billion, a thousand million**	ə/wan ˈbiljən, ə ˈθausənd ˈmiljən

Ordnungszahlen

1.	**first**	fößt
2.	**second**	ˈßekənd
3.	**third**	θöd
4.	**fourth**	fɔθ
5.	**fifth**	fifθ
6.	**sixth**	ßikθ
7.	**seventh**	ˈßevənθ
8.	**eighth**	äitθ
9.	**ninth**	nainθ
10.	**tenth**	tenθ